Ulrike Walden
Wolfgang Oelsner

Erlebnis Bergisches Land und Oberbergisches Land

111 Ausflugstipps für die ganze Familie

Ulrike Walden
Wolfgang Oelsner

Erlebnis Bergisches Land und Oberbergisches Land

111 Ausflugstipps für die ganze Familie

J.P. Bachem Verlag

Titelabbildung: Gisela Sielisch

alle Abbildungen: Gisela Sielisch, außer:
Museum für Frühindustrialisierung S. 15, 16, 19
Ulrike Walden S. 17, 18, 27, 28, 29, 34, 68, 133, 135
Museum Schloss Burg S. 49
Illustration von Gerda Laufenberg. Aus: Gaby Amm und Gerda Laufenberg: De Heinzemännncher zo Kölle, Bachem, Köln 1999, S. 60
Wolfgang Oelsner S. 83
Bachem-Archiv S.85
LVR/Bergisches Museum für Bergbau, Handwerk und Gewerbe S. 76, 101
Bergisches Schulmuseum S. 105
Stadt Burscheid S. 106
Bergisches Freilichtmuseum Lindlar S. 128, 129, 130
LindlarTouristik S. 136
Kurverwaltung Reichshof S. 140, 141
Roland U. Neumann S. 142

Bibliografische Information Der Deutschen Bibliothek
Die Deutsche Bibliothek verzeichnet diese Publikation in der Deutschen Nationalbibliografie; detaillierte bibliografische Daten sind im Internet über **http://dnb.ddb.de** abrufbar.

2. neu überarbeitete und aktualisierte Auflage 2004

Lektorat: Frauke Severit, Köln
Umschlag, Satz und Innenlayout: Barbara Meisner, Düsseldorf
Reproduktionen: Reprowerkstatt Wargalla, Köln
Druck: Druckerei J. P. Bachem Verlag GmbH & Co. KG Köln
Printed in Germany
ISBN 3-7616-1701-1

www.bachem-verlag.de

INHALT

Das Bergische Land und Oberbergische Land

Vorwort

Die Region Bergisches und Oberbergisches Land bietet eine unvergleichlich reizvolle Vielfalt und ist damit ideal für Ausflüge mit der ganzen Familie:

Eine Landschaft mit Bergen, Tälern und Wäldern, in der man beim Wandern, Radfahren und Toben frische Luft für die nächste Woche tanken kann. Burgen und Höhlen, die zu Fantasiereisen einladen. Das umgestaltete Historische Zentrum in Wuppertal, in dem Besucher sehen, hören, fühlen und riechen können, wie die Menschen in Zeiten der Frühindustrialisierung gelebt haben. Es gibt Schleifkotten und Industriemuseen, die Technik nahe bringen, das Freilichtmuseum in Lindlar, das Respekt vor Natur und bäuerlicher Kultur vermittelt. Außerdem können Eltern und Kinder sich in tollen Schwimmbädern entspannen, mit der Schwebebahn zum landschaftlich schönsten Zoo Deutschlands gondeln, kundig angeleitet in die Sterne gucken oder in Eckenhagen freche Affen füttern. Zu solchen Erlebnissen, bei denen Familien Erinnerungsschätze sammeln können, lädt dieses Buch ein. Große und Kleine, die mit diesem Freizeitführer unterwegs sind, werden gemeinsam Spaß haben, sich erholen – und nebenbei eine Menge lernen.

Die Zeit, die Eltern und Kinder gemeinsam verbringen, ist kostbar. Manchmal ist es schön, die Familienzeit gemütlich zu vertrödeln, manchmal ist es richtig, sie bewusst zu gestalten. Dafür brauchen Eltern Informationen. Dieses Buch gibt eine ganze Menge Tipps, mit denen sich Wochenenden im Bergischen Land und im Oberbergischen Land so planen lassen, dass Eltern wie Kinder abends sagen können: „Das war ein toller Tag."

Dies ist ein Buch für aktive Menschen. Es ist auch ein Buch für Erwachsene, die gerne mit ihren Kindern sprechen. Dazu gehört es, über die Ausflugsziele kleine Geschichten erzählen zu können. Die haben in der „Erlebnis"-Reihe einen festen Platz. Denn die Autoren wissen aus Erfahrung, wie glücklich es macht, neugierige Kinder zu haben. Und wie gut es ist, ihre Fragen altersgemäß beantworten zu können.

Die „Erlebnis"-Bücher sind also im besten Sinn altmodisch – und (nicht nur) nach Pisa zugleich hoch aktuell. Sie verführen nicht dazu, sich sprachlos mit faden vorgefertigten Fast-Food-Events abfüttern zu lassen. Sie wollen Lust machen zur lebendigen, sinnvollen, beiläufig lehrreichen Erfahrung.

Wir wünschen Familien, Schulklassen und Jugendgruppen vergnügliche, spannende, erlebnissatte Stunden im Bergischen und Oberbergischen Land! Wir, die Autoren, haben die Region früher mit unseren Eltern erkundet und denken gerne daran zurück. Später waren wir dort mit unseren eigenen Kindern unterwegs und aufs Neue von den gegensätzlichen Eindrücken fasziniert. Wir wollen Sie anstecken.

Schöne Ferien vom Alltag!

Herzlichst, Ihre

Ulrike Walden

1. Wuppertal

Schweben
in einem
Tausend-
füßler aus
Stahl – das
gibt es sonst
nirgends.

Fast so schön wie fliegen

Die Schwebebahn

Die Fahrt mit diesem Tausendfüßler aus Stahl ließ sich nicht einmal der Kaiser entgehen. Bis heute kommen Besucher aus aller Welt nach Wuppertal, um die Schwebebahn, dieses technische Meisterwerk, zu bestaunen. Und, natürlich, um darin durch die Stadt zu gondeln. Sie können dann aus 8 bis 12 m Höhe hinuntergucken, auf den Fluss und die Autos, auf Fabriken und Grünflächen. Manchmal kann man auch direkt in die Wohnzimmer der Menschen sehen.

Dabei muss man eigentlich keine Angst haben, die hängenden Züge könnten von den Schienen abfallen. Die Schwebebahn gilt als eines der sichersten und bequemsten Verkehrsmittel der Welt. Jährlich befördert es mehr als 23 Mio. Fahrgäste – zur Arbeit, zur Schule oder einfach nur zum Spaß. Einmal hat es allerdings einen schrecklichen Unfall gegeben: Am 12. April 1999 stürzte ein Teil der Bahn in die Wupper, fünf Menschen verloren ihr Leben, 47 Personen wurden verletzt. Wie konnte das passieren? „Nach Beendigung von Gerüstarbeiten war ein Metallstück an der Fahrschiene von der Baufirma nicht entfernt worden", heißt es in einem Prospekt der Stadtwerke.

Ein anderer Unfall, von dem alle Wuppertaler Kinder schon gehört haben, verlief glimpflich: Am 21. Juli 1950 sprang der kleine Elefant „Tuffi" bei einer Zirkus-Werbetour aus der fahrenden Schwebebahn in die Wupper. Er trug nur eine Schramme am Po davon.

Mit dem Bau der Schwebebahn im engen Tal der Wupper war bereits 1898 begonnen worden. Erfunden hatte sie der Kölner Ingenieur Eugen Langen. Unumstritten war das Projekt nicht. Fanatische Frömmler sprachen von einem „wahnsinnigen Unterfangen". Denn: Es hieße, Gott versuchen und sei sündige Eitelkeit, sich solch schwebendem Satanswerk anzuvertrauen! Doch der Bau schritt voran, und am 24. Oktober 1900 beehrte Wilhelm II. mit seiner Gattin die Wupperstädte. Natürlich schwebte auch er. Das Tal war in ein Meer von Fahnen getaucht. Und die Zeitung schrieb: „Ruhig und sicher glitt der Wagen mit seiner theuren Last auf dem vielfach gewundenen Schienenwege dahin". Die Majestäten geruhten mehrmals, huldvoll und gnädigst ihren treuen Untertanen zuzuwinken. Bis heute ist es möglich, eine Kaffeefahrt mit dem Kaiserwagen zu unternehmen (Auskunft Tel. 0202/563 21 80 oder –2270).

Aus der Bahn kann man den Leuten ins Wohnzimmer gucken.

Über die Sehenswürdigkeiten an der Strecke (13,3 km) informiert ein spezielles Faltblatt der Stadtwerke. In jedem Fall ist es ratsam, sich vorher zu erkundigen, ob der Stahlwurm auch wirklich fährt. Denn das Wahrzeichen der Stadt wird fit gemacht für die nächsten 100 Jahre. Und das dauert ein bisschen.

EXTRAS

Drei-Städte-Rundfahrt

Mit Schwebebahn, Oberleitungsbus, Seilbahn und Zug von Wuppertal, durch Solingen bis nach Schloss Burg und Remscheid. Dabei überquert man auch Deutschlands höchste Eisenbahnbrücke, die Müngstener Brücke.

ABC-Klassenfahrt nach Wuppertal

„In Wuppertal", spricht Hans ganz froh, „da kann man schweben bis zum Zoo!" Mit diesem Spruch warb man mal für Wuppertal. Nicht nur bis zum Zoo können Schulklassen schweben, sondern auch zum Fuhlrott-Museum und vielen anderen Plätzen, die in diesem Buch erwähnt sind. Egal, welches Programm die Klasse wählt, jeder zahlt nur 3,- Euro. Die Stadt hilft bei der Vorbereitung, und ein junger Wuppertaler begleitet die Schüler. Übernachten können Schüler und Lehrer in der Jugendherberge.

Eine kleine, mühselige Welt

DAS MUSEUM FÜR FRÜHINDUSTRIALISIERUNG

Weltweit bekannt ist Wuppertal durch seine Schwebebahn. Aber schon davor war die Stadt ein bedeutendes Zentrum der Textilindustrie. Aus der Not heraus. Denn von der Landwirtschaft allein konnten die Menschen schon recht früh nicht mehr leben. So mussten sich die Bewohner Elberfelds und Barmens einen weiteren Broterwerb suchen: die Bleicherei. Von da an entwickelte sich nach und nach eine vielseitige Textilindustrie. Färbereien schossen aus dem Boden, und immer mehr Menschen zogen ins Wuppertal, arbeiteten zu Hause an Webstühlen, später in Fabriken, etwa Spinnereien. Es war ganz selbstverständlich, dass die Kinder ihren Teil zum Familieneinkommen beitrugen. Wie die Menschen vor allem während der Frühindustrialisierung (etwa 1780–1840) gelebt haben, zeigt das Historische Zentrum Wuppertal anhand von Maschinen, Bildern und Dokumenten. Hier wird Geschichte in einem neuen Erlebnisraum auch erfahrbar. Besucher können Wärme, Feuchtigkeit und die Vibration der Maschinen spüren, Schweiß, Öl und Baumwolle riechen, Alltagsgeräusche hören. Damit wurden höchst beeindruckende Sinneswahrnehmungen ermöglicht.

Kindersterblichkeit

Hier wird deutlich, wie schlecht die Lebensbedingungen waren, wie mühsam der Alltag vor nicht allzu langer Zeit noch war. Große Teile der

Kinderarbeit in einer Buntpapierfabrik in Aschaffenburg 1858

Bevölkerung waren in der ersten Hälfte des vergangenen Jahrhunderts unterernährt. In Elberfeld starben zwischen 1810 und 1850 noch 329 von 1000 Neugeborenen, bevor sie das fünfte Lebensjahr erreicht hatten. Traten Wirtschaftskrisen auf, wurden auch die einfachsten Lebensmittel wie Schwarzbrot unerschwinglich. Die Menschen hungerten. Und wenn zudem Epidemien wüteten – nicht etwa die Cholera, sondern relativ harmlose Krankheiten wie Röteln oder Masern – überlebte das nur jeder Zweite unter 18 Jahren. Denn die geschwächten Kinder und Jugendlichen wurden von den Krankheiten regelrecht dahingerafft. Das war z. B. 1818 der Fall, nach einer Hungerkatastrophe. Auf 1000 Lebendgeburten kamen 641 Sterbefälle von Kindern und Jugendlichen unter 18 Jahren. Doch sogar in „normalen" Jahren lag die Sterblichkeit von Kindern und Jugendlichen höher als heute in Ländern der so genannten Dritten Welt, etwa als in Bangladesh auf dem indischen Subkontinent; Bangladesh gilt heute als ärmstes Land der Erde.

Kinderarbeit

Schon in der Landwirtschaft und der Heimindustrie mussten bereits kleine Jungen und Mädchen arbeiten. Der Bauer nahm den Jungen mit aufs Feld, Mütter brachten ihren Töchtern das Kochen und Nähen bei. Kinder waren oft der einzige Reichtum der armen Leute. Fand sich keine

Das Elendsquartier „Die Fuhr" um 1860

Beschäftigung in Haus und Hof, so musste das Kind beim Nachbarn helfen – oder auf der Straße betteln.

In der Werkstatt eines Webers musste ein Kind z. B. am Spulrad Garn wickeln: Der Vater brauchte die Spulen für das Weberschiffchen, um Stoff herstellen zu können. Je älter das Kind war, desto komplizierter wurden die Tätigkeiten. So wuchs es in den Beruf hinein. Eine Schulausbildung gab es zunächst nur für wenige. In den Materialien des Museums für Frühindustrialisierung heißt es: „Die meisten Menschen lernten das, was sie zur Bewältigung des Lebens brauchten, indem sie von Kindesbeinen an in die Produktionseinheit von Haus und Hof mit eingegliedert wurden.“ Aber da hatten Kinder zwischendurch auch mal eine Pause zum Trödeln, wenn sie Besorgungen zu machen hatten. Oder sie kamen bei der Feldarbeit an die frische Luft.

Maschinen zeigen wie Garn produziert und verarbeitet wurde.

Das änderte sich mit den Manufakturen. Während zuvor alle Arbeitsschritte bis zum fertigen Produkt überschaubar waren, wurde in Manufakturen die Arbeit in verschiedene Spezialgebiete unterteilt. Selbstverständlich arbeiteten hier auch Kinder, aber ihr Tag war stärker festgelegt. Ihre Lage verschlechterte sich noch, als Maschinen eingeführt wurden, als aus Manufakturen also Fabriken wurden. Die Arbeitszeiten wurden länger, das Tempo schneller. Erste Proteste gegen Kinderarbeit kamen auf – nicht zuletzt deshalb, weil man feststellte, dass die jungen Soldaten aus Gegenden mit vielen Fabriken oft schwach und „verkrüppelt“ waren.

So lange ist es also noch nicht her, dass Kinderarbeit in Deutschland ebenso üblich war wie heute in Ländern der „Dritten Welt“. Die Ursache ist die gleiche geblieben: Kinder sind billige Arbeitskräfte, und weil sie kleiner sind als Erwachsene, eignen sie sich für bestimmte Tätigkeiten besonders gut – etwa für das Knüpfen von Teppichen oder die Arbeit in niedrigen Bergwerksstollen. Eine fröhliche Kindheit aber hatten diese Kinder nicht.

In einem Bericht des Schulreformers Diesterweg, der von 1818–1820 in Elberfeld Lehrer war, heißt es:

„Im Sommer um 5 oder 6 Uhr, im Winter um 6 oder 7 Uhr oder sobald es Tag ist, ruft die Glocke das Kind in die Fabrik. An den meisten Fabrikaten kann das Kind vom 8. oder 9. Lebensjahr an gebraucht werden. Sobald es in dem Fabrikhaus abgekommen ist, geht es an die Maschine und verrichtet sein Geschäft. Meist ist seine Arbeit einfach und leicht, immer eine und dieselbe, vom Morgen bis zum Mittage ... Nur am Anfang bedarf es zur genügenden Verrichtung seiner Geschäfte der Aufmerksamkeit; nach kurzer Zeit spinnt und spult, klopft und hämmert es maschinenmäßig fort, von Minute zu Minute, von Stunde zu Stunde, bis die Mittagsglocke die Arbeiter eine Stunde entlässt. Das Kind eilt nach Hause, verzehrt sein mageres Mittagsbrot, wandert um 1 Uhr wieder seinem Kerker zu, beginnt da und damit, wo es eine Stunde vorher aufhörte, und setzt seine Tätigkeit von Minute zu Minute und von Stunde zu Stunde, bis 7 oder 8 Uhr am Abend fort. Das ist der Beruf der Kinder am Montag, Dienstag, Mittwoch, Donnerstag, Freitag und Samstag, täglich ungefähr nicht weniger als 12 oder 14 Stunden, also den ganzen Tag, die ganze Woche, das ganze Jahr hindurch, ... Nachdem das Fabrikkind den ganzen bösen Tag lang die Fäden gezogen hat, schleppt es die müden Glieder und den noch erschlaffteren Geist heim in die Hütte, sich sehnend nach Ruhe. Dem glücklicheren Kind winkt sie auf weichem Lager, das Fabrikkind hat am Feierabend noch nicht Feierabend. Es muss zur Schule. In der Hast wird der Hunger mit Brot oder Kartoffeln gestillt, die bestaubten Kleider werden etwas gestäubt, Gesicht und Hände werden gewaschen und nun geht es ... durch die kotigen Gassen nach der fern liegenden Abendschule, wo eine neue Qual der Kinder wartet ... Halb schlafend schleppt das Kind sich heim und wirft sich auf sein Strohlager... Aber die Nacht ist schon vorüber; schon graut der Morgen; da zieht der Teufel die Fabrikglocke. Und die Mutter schüttelt das Kind aus dem Schlafe. Schlaftrunken rafft es seine Lumpen zusammen und eilt in jedem Wetter aus der Wärme des nächtlichen Lagers in die neblichte, kalte Winterluft ... nur des Stockes des Aufsehers gedenkend und bemüht, der Strafe der Verspätung zu entgehen. Das Kind steht beim Aufgang der Sonne wieder da, wo es beim Untergang derselben stehenblieb; das Spinnrad läuft, die Spulen rasseln, die Fabrik ist im Gange."

Das Kind, so Diesterweg, werde in der Fabrik selbst zur Maschine. „Blass und abgemagert, mit tief liegenden, blau umkränzten stieren und leblosen Augen, mit straff anliegender, oft schon faltenreicher Haut des Antlitzes stehen die abgemagerten Kinder da, ein Bild der körperlichen Zerrüttung und Verkrüppelung. Einatmend die schwere Dunstluft, welche durch zusammengepresste Menschenmenge, durch ausdunstendes Öl, Baumwolle, Feuchtigkeit aller Art und den Qualm der Lampen hervorgebracht wird; die ewig einförmige, einseitig die Körperkraft in Anspruch nehmende und andere Kräfte gänzlich im Schlummer lassende Bewegung, die Unnatürlichkeit des beständigen Stehens oder Sitzens, der Mangel an Ruhe und Erholung ...“

Zu essen gab es für diese Kinder und ihre Eltern vor allem Schwarzbrot und Kartoffeln. Schlimm war es, wenn gerade die Preise für diese beiden Lebensmittel wieder einmal stiegen. Hermann Enters, der später nach Amerika auswanderte, berichtet in seinem Buch *Die kleine, mühselige Welt des jungen Hermann Enters*:

„Was das Brot kostete, wurde wöchentlich öffentlich angeschlagen, und ich erinnere mich, dass mich Mutter öfters schickte und ich sehen musste, ob das Schwarzbrot noch nicht billiger geworden war, von Weißbrot war überhaupt keine Rede. Ich lief, so schnell ich konnte, und sah in den kleinen Kasten, der an einem bestimmten Platz an der Straße hing: Das 7-pfündige Schwarzbrot kostete von dem Datum an so und so viel. War es 2 Pfennige billiger geworden, dann machte Mutter ein freudiges Gesicht, war es aber wieder 2 Pfennige teurer geworden, dann kam ein Donnerkeil aus Vaters Mund.“

Der Garten der Tiere

Spaziergang zum Zoo

Ganz gemächlich wollen wir uns dem Wuppertaler Zoo nähern und den Spaziergang in dem Tiergarten fortsetzen, der mit seinen vielen alten Bäumen der landschaftlich wohl reizvollste ganz Deutschlands ist. Wir parken das Auto am fast 100 m hohen Fernsehturm hoch oben auf der Höhe am Küllenhahn, zwischen Elberfeld und Cronenberg, am Jung-Stilling-Weg, der von der Cronenberger Straße abführt. Von hier aus können wir einen großen Teil des Tals sehen. Wir folgen dem Weg immer weiter geradeaus, überqueren die Rhönstraße und wandern, der Zeppelinallee folgend, durch das Burgholz bis zur Königshöhe. Von da an geht es durch den Wald bergab. Wir müssen immer nur geradeaus gehen, mal auf breiten Wegen, mal auf schmalen Pfaden, und wir gelangen in jedem Fall an die Mauern, die den Zoo umgeben. An der Mauer entlang gehen wir nach rechts. Wo sie endet, nach links, dort finden wir den Eingang des Zoos, der terrassenförmig angelegt ist. Dieser Tiergarten ist einer der ältesten Deutschlands.

Er wurde bereits 1881 gegründet und mit einem vornehmen Restaurant ausgestattet. Hier sollte das Geld für den Betrieb des Zoos eingenommen werden. Viele Tiere gab es anfangs wahrhaftig nicht. Ein Wolfspaar und ein Bär bildeten die Attraktionen. Schon damals war der Tiergarten jedoch ein sehr gepflegter Park, der bis heute erhalten geblieben ist. Erst in den Jahren 1926 entstand eine Anlage, die sich mit gutem Recht „Zoo“ nennen konnte. Denn damals wurden ein Affen- und Elefantenhaus sowie ein Aquarium gebaut. Bis sich aber ein moderner Tiergarten entwickelte, sollten noch viele Jahre vergehen. Bis heute ist der Wuppertaler Zoo überschaubar – und das hat sein Gutes. Denn Besucher behalten den Überblick und werden nicht von Eindrücken überschwemmt.

Gut, dass der Bär nicht raus kann!

Viel Zeit nehmen wir uns für die Elefanten, die in einem 1995 neu eröffneten Haus nach neuen Erkenntnissen gehalten werden. Denn heute

weiß man über Elefanten viel mehr als zu den Anfängen des Zoos. So leben afrikanische Elefanten – und sie vor allem beherbergt der Wuppertaler Zoo – in kleinen Gruppen zusammen. Diese bestehen aus den weiblichen Tieren, den Kühen, ihren erwachsenen Töchtern und den Jungtieren, den Kälbern. Junge Männchen verlassen diese Weiberwirtschaft, wenn sie geschlechtsreif sind, und schließen sich oft älteren Elefantenbullen an. Und so gibt es im Wuppertaler Zoo einen Bereich für eine Herde von Elefantenkühen und Jungtieren, darüber hinaus aber einen Extraraum für den Männerclub. Alle haben in dem Haus und der Außenanlage viel Platz, sich zu treffen oder sich auch aus dem Weg zu gehen.

In dem schönen lichten Bau finden wir auch Tafeln, die uns interessante Einzelheiten erklären. So erfahren wir, dass erwachsene Elefanten 70 Jahre alt werden können, die jungen Tiere aber in freier Wildbahn sehr gefährdet sind. Viele sterben, weil ihre Mütter in Zeiten der Trockenheit nicht genug Futter finden und somit zu wenig Milch haben, andere werden von Hyänen gejagt. Sehr anschaulich wird Besuchern auch vor Augen geführt, wie sich das Leben in Freiheit von einem Tag im Zoo unterscheidet. In der Natur sind Elefanten 12–18 Stunden damit beschäftigt, Nahrung zu suchen. Dabei können sie durchaus 100 km zurücklegen. Abends, an der Wasserstelle, widmen sich die Tiere einer gründlichen Hautpflege: Sie baden und scheuern sich die Haut mit Sand sauber.

Im Zoo müssen Tierpfleger diese Aufgabe übernehmen. Sie schrubben die Elefanten täglich sauber. Aber mit dem Bad ist es nicht getan. Weil die Elefanten sich in dem Gehege weit weniger bewegen als in der Natur, müssen die Tierpfleger regelmäßig die Fußnägel mit der Feile kürzen und auch die Fußsohle vorsichtig abraspeln. Wird sie zu dick, entstehen nämlich Risse. Elefanten haben übrigens sehr bemerkenswerte Füße. Dass sie sich trotz ihres Gewichtes von mehreren Tonnen fast lautlos bewegen, liegt an ihrem elastischen Sohlenpolster.

Bei der abendlichen Körperpflege hört man die Betreuer oft sehr energisch mit den Elefanten sprechen. Mit gutem Grund. Zu seinem eigenen Schutz muss ein Tierpfleger nämlich darauf achten, dass die Herde ihn als „Alpha-Tier“, also als Chef, akzeptiert. Kommandos, die immer wieder geübt werden, müssen von den Elefanten befolgt werden.

Natürlich leben im Zoo neben den Elefanten noch viele andere Tiere, etwa die Eisbären, die man auch beim Schwimmen durch eine Unterwasserscheibe beobachten kann. Wir sehen Giftschlangen und Krokodile, den blauen Pfeilgiftfrosch und den Mönchsgeier, große Raubkatzen – und kleine Mäuse.

Ganz neu ist eine Freianlage für Orang-Utans. Sie haben auf 600 m^2 viele Kletteranlagen. Das Gelände ist dicht bepflanzt, damit die Tiere sich auch einmal zurückziehen können. Die Besucher können an mehreren Stellen in die gitterlose Anlage hineinschauen und sich vorstellen, sie wären in freier Wildnis. Z. B. aus einer Felshöhle heraus und von einem Beobachtungsstand aus.

Vom Zoo aus können wir noch einen kleinen Ausflug mit der Schwebebahn unternehmen. Wir können aber auch durch das Burgholz wieder zurück zum Ausgangspunkt gehen (etwa eine Stunde).

Zooschule

EXTRA

Die Lehrerinnen und Lehrer der Zooschule haben es sich zur Aufgabe gemacht, die Tiere Kindern verschiedener Altersgruppen und Schulformen nahezu bringen. Im Mittelpunkt steht das genaue Beobachten. Die Mitarbeiter der Zooschule beraten Lehrer gerne. Für Vorschulkinder gibt es die „Hummelschule".

Wo Elefanten blau sind

Das Kindermuseum

Es gibt einen Elefanten, der ist nicht staubgrau wie seine Brüder in Asien und Afrika, sondern blau, knatschblau, und auf seiner Stirn trägt er einen knallroten Stern. Aber das Größte: Er leiht Besuchern seinen Ele-

Der Elefant heißt Ottifant.

▲
Auch das Krokodil ist musikalisch.

fantenschwanz. Den nehmen die Gäste zur Hand und pusten hinein. Und dann erklingt ein Ton. Er fällt immer wieder anders aus. Manchmal hört er sich an wie ein kurzatmiges Keuchen, manchmal wie ein schüchterner Pups, ein anderes Mal wie ein triumphierendes Saxophon.

Der Elefant heißt Ottifant. Er steht in dem einzigen Museum, das Kinder für Kinder (und Erwachsene) eingerichtet haben. Alle Ausstellungsstücke stammen aus der Hand von Kindern und nicht von berühmten Künstlern. Aber berühmt geworden sind diese Kunstwerke, vor vielen Jahren geschaffen von Jungen und Mädchen einer Schule in dem Wuppertaler Stadtteil Langerfeld, inzwischen auch schon bei vielen Fachleuten. Trotzdem wissen nur die Wenigsten in Wuppertal und Umgebung, dass es dieses ganz wunderbare Museum gibt. Denn es hat nur wenig Geld, und Werbung ist teuer. Hier aber verraten wir gerne unseren Geheimtipp. Kinder, Eltern, Großeltern und Tanten, Onkel, Kindergarten-Erzieherinnen und Lehrer werden staunen. Und die kleinen Besucher werden noch lange versuchen nachzubauen, was sie dort gesehen haben.

Einer der ehrenamtlichen Helfer, ohne die das Museum nicht existieren könnte, empfängt eine Gruppe von Schülern. Die dürfen sich zunächst alle Musikinstrumente – denn darum handelt es sich auch bei Ottifant – ansehen und ausprobieren. Z. B. den Teufelsbass, mit dem im Winter 1974 alles angefangen hatte. Da waren es die Kinder einer Wuppertaler Schule, ziemliche Rabauken, leid gewesen, im Werkunterricht zu malen, zu zeichnen, auszuschneiden, Roboter zu löten oder Schiffe zu bauen. Bei all diesen Arbeiten hatte Kunsterzieherin Margret Beckmannshagen ihnen stets kräftig helfen müssen. Aber diese Lehrerin hatte einen Traum: Sie glaubte, dass auch heutzutage, wo Computer schon Kinderzimmer beherrschen, in jedem kleinen Menschen ein wahrer Steinzeitkünstler steckt, der aus ganz einfachen Dingen, sogar aus Müll, ein klingendes Instrument schaffen kann. Von Musik hatte sie, anders als von bildender Kunst, etwa Malerei, damals selbst keine Ahnung. Sie spielte gerade mal

Solche witzigen Instrumente haben Kinder gebaut.

Blockflöte. Und deshalb mussten die Kinder sich ganz alleine einfallen lassen, wie man aus einer Bierdose, einem Stock und einem Draht einen Teufelsbass baut. Frau Beckmannshagen konnte ihnen dabei nicht viel Unterstützung geben. Die Kinder probierten und probierten. Schließlich entlockten sie der Bierdose, auf eine Holzleiste genagelt, mit Draht überspannt, wundersame Klänge. Wer richtig zu hören versteht, vernimmt ein Singen, als ob der Wind über Hänge in den Telefondraht fährt und sirrt und läutet, stürmt und stöhnt.

Einfach waren die ersten Instrumente. Auch die Rasseln aus Kronenkorken, die Besucher im Kindermuseum selbst ausprobieren können; Kronenkorken wurden durchlöchert, auf doppelt gedrehten Zaundraht aufgezogen, der zu einem Ring gebogen wurde. Die Drahtenden in Arzneimittelröhrchen gesteckt (die es freilich nicht mehr gibt), fertig war der Handgriff der Rassel.

Schließlich erfanden die Schüler immer kompliziertere Klangkörper. Sie fummelten, knobelten, versuchten, waren enttäuscht, versuchten wieder, fanden Lösungen. Z. B. entdeckten sie, wie man ein Metallophon machen kann. Das haben die Kinder aus den Eisenbeinen ausgemusterter Schultische gebaut. Sie mussten die Rohre abmessen, wiegen, in unterschiedlichen Längen absägen, feilen, blankschleifen, lackieren gegen Rost. Die Rohre wurden auch zu einem Klavier verarbeitet. Flöten aus Eisenrohren gibt es ebenfalls. Und Zupfinstrumente, die schon anspruchsvoller waren als der Teufelsbass. Sie bestanden zunächst aus schlichten Brettern mit Saiten. Später merkten die Schüler, dass sich Blechdosen als

Resonanzkörper eignen. Dann bastelten sie Gitarren über Gitarren und nach einer Abbildung sogar eine Harfe. Es waren nicht immer dieselben Kinder, die Schritt für Schritt, immer einfallsreichere, volltönendere und witziger aussehende Instrumente schufen. Sondern die Arbeit fand in mehreren Klassen über viele Jahre statt. Natürlich wurde in der ganzen Zeit auch musiziert. Wie sonst hätten die Kinder über so lange Zeit mit Spaß bei der Sache bleiben können? Die Schüler, aber auch die Lehrer waren einfach fasziniert von dieser ganz ursprünglichen Musik, wie wir sie aus fremden Ländern kennen. „Schon bei den ersten Klängen, die sie vorbrachten, haben die Kinder eine richtige Gänsehaut bekommen", berichtete Frau Beckmannshagen, eine ältere Dame mit weißen Haaren, die recht energisch sein kann, aber voller Liebe für Kinder ist.

Die Jungen und Mädchen, die heute gekommen sind, haben sich nun lange genug umgeschaut, getrommelt, geflötet, gezupft, geklingelt. Sie haben die Harfen-Giraffe, den Gitarren-Pfau und das Trommel-Krokodil bestaunt. Nun sollen sie sich zu einem Orchester zusammenfinden. Vorher dürfen sie jedoch dem Ottifanten nach und nach in den Schwanz, einen Gartenschlauch mit auswechselbaren Mundstücken, pusten. „Trompeten ist ganz leicht", verspricht der Museumspädagoge, „das können schon Kindergartenkinder. Je kleiner die Kinder sind, desto leichter geht es." Und dann erklärt er, wie es geht: „Ihr müsst grinsen, bis die Mundwinkel bis zu den Ohrläppchen reichen." Jeder kommt mal dran. Das

Gitarren in allen Variationen

Trompeten hört sich an wie eine Lokomotive, ein klagender Klabautermann, ein fauchender Tiger – oder eben ein verzagtes Püpschen. Auch die Erwachsenen dürfen sich am Ottifanten kräftig blamieren. Denn sie können oft viel schlechter trompeten als die Kinder.

Die Mädchen und Jungen sitzen im Kreis. Der Museumspädagoge öffnet einen Zauberkasten und entlockt allen möglichen Gegenständen aus Küche, Keller oder vom Meeresstrand Töne der unterschiedlichsten Art. Er benutzt Trinkhalme, Teigrollen ohne Griff, einen Bierzapfhahn, Papier, Plastikbecher, Schneckenhäuser, Staubsaugerrohre. Einem Geburtstagskind wird sogar ein Ständchen gebracht.„Happy birthday to you." Klingt gar nicht mal schlecht.

Nun werden Trommeln und Rasseln (die mit den Kronenkorken z. B.) verteilt. Eine erwachsene Besucherin, die sich erstmal überhaupt nicht traut, wagt es dann doch zu dirigieren. Eine Museums-Mitarbeiterin flötet, Mitarbeiterinnen spielen Xylophon. Die Kinder fallen mit ihren Instrumenten ein. Lauter, wieder leiser, lauter. Sie lachen, machen begeistert mit – auch jene, die anfangs ein langes Gesicht gezogen hatten, weil sie nur eine Rassel bekamen. Die hatten dieses Instrument erst ein bisschen zu schlicht gefunden. Denn schließlich, hatten sie anfangs stolz verkündet, spielen sie sonst zuhause oder in der Musikschule „richtige" Instrumente: Saxophon, Geige oder Klavier. Zwei Fantasiestücke gibt das Orchester und belohnt sich dann selbst mit kräftigem Beifall. Zu Recht.

Das Kindermuseum, seit 1986 in einem Wuppertaler Haus der Jahrhundertwende zu Hause, birgt noch weitere Schätze: Bilder über Bilder, im Postkartenformat gemalt von Kindern aus der ganzen Welt. Bei dem fünften internationalen Malwettbewerb, den das Kindermuseum 1989/90 ausgeschrieben hatte, kamen fast 16 000 Bilder zusammen. Erstaunlich, welche Kunstwerke die Mädchen und Jungen zustandegebracht haben.

▲ Bilder über Bilder aus aller Welt

Vom Leben und Sterben

Die Jugendfarm in Sonnborn

Schmusen mit dem Kälbchen

Im Tal der Wupper, umgeben von Wäldern, Wiesen – und ganz nahe am Klärwerk – liegt eine Oase für Wuppertaler Großstadtkinder, die Jugendfarm. Um es vorwegzunehmen: Die Jugendfarm steht ausschließlich den Jungen und Mädchen aus dem unmittelbaren Einzugsbereich zur Verfügung, kann also keine Touristen aus der weiteren Umgebung verkraften. Denn solche plötzlich hereinschneienden Zaungäste würden die pädagogische Arbeit erschweren. Die Kinder sollen hier zunächst einmal respektvolle und realitätsnahe Beziehungen zu den Tieren auf der Jugendfarm entwickeln. Auf dem Gelände leben Meerschweinchen und Kaninchen, Gänse und Hühner, Hunde, Katzen und Frettchen, Ziegen, Schafe, Kälber, Ponys, Pferde und ein Esel. Sie alle wollen versorgt und gepflegt werden. Dabei helfen die Kinder natürlich – und lernen nebenher auch noch, sich untereinander abzusprechen und Verantwortung zu übernehmen. Das ist allerdings leichter gesagt als getan. Denn es gibt Aufgaben, um die sich die Jungen und Mädchen an manchen Tagen nicht gerade reißen. Wer mistet schon gerne Ställe aus? Das ist eine mühsame und schweißtreibende Beschäftigung. Aber sie ist notwendig. Denn wenn z. B. Pferde auf nassem Stroh stehen, schadet das ihren Hufen. Außerdem atmen sie dann schädliche Dämpfe ein, die von dem Urin herkommen. Das ist schlecht für ihre Lungen. Also gilt: Wer nicht mistet, Hufe auskratzt und striegelt, darf auch nicht reiten. Darüber muss nicht lange diskutiert werden. Es versteht sich eigentlich von selbst. Und wer das nicht einsehen mag, wird nie richtig dazugehören.

Samstagnachmittag. Eine Gruppe ist mit einem Betreuer und den Ponys unterwegs. Mehrere Jungen und Mädchen gruppieren sich um das Lagerfeuer, das allerdings nicht richtig brennen will. Das liegt daran, dass die Feuerstelle vorher nicht von feuchten Zweigen geräumt worden ist. In den letzten Tagen hatte es geregnet. Die Jungen und Mädchen müssen

Wer reiten will, muss vorher die Tiere putzen.

sich nun darüber einigen, ob sie weiter im Qualm hocken bleiben oder doch lieber ein schönes Feuer entfachen und in ihm Kartoffeln backen wollen. Das dauert, denn keiner hat Lust, die Feuerstelle sauberzumachen. Die Betreuer halten sich raus. Plötzlich aber kommt Andrea Hedemann hinzu, die im Haus der Jugendfarm wohnt, sonst einen ganz anderen Job hat, aber ehrenamtlich viel Zeit und Engagement einbringt. Sie schimpft: „Die Schubkarre ist verschwunden.“ Sie wird für ganz viele Arbeiten gebraucht, etwa zum Misten. Keiner will sie zuletzt gehabt haben – und dann fällt einem Jungen ein, dass er damit einen Freund herumgefahren hat. Die Karre muss irgendwo auf einer Wiese stehen. Sie wird geholt. Darauf besteht Andrea Hedemann sehr energisch. Überhaupt ist der Umgangston liebevoll, aber klar, entschieden und schnörkellos. Sabrina (13) findet ihn völlig in Ordnung: „Hier findet man viele gute Kumpels. Manchmal ist auch Streit. Aber man lernt, Probleme selbst zu regeln.“ So wird auch das Problem mit der Feuerstelle geregelt – oder besser gesagt, nicht. Weil keiner sich bereit findet, die nassen Zweige gegen trockene auszuwechseln, gibt es heute halt keine gebackenen Kartoffeln. Nur Qualm.

Konflikte sind an der Tagesordnung, denn sie gehören zum Leben. Nicht nur die kleinen Auseinandersetzungen zwischen den Kindern, sondern auch die großen Fragen des Lebens und Sterbens. Auf der Jugendfarm werden z. B. niedliche Lämmer geboren und Kälber eine Zeit lang aufgezogen. Aber es werden auch Tiere krank. So kam es einmal vor, dass ein Lamm sehr leidend war. Große Kinder, die damit nicht überfordert waren, überlegten mit den Erwachsenen, was zu tun war.

Alle zusammen beschlossen, das Tier müsse geschlachtet werden. Eine Betreuerin hat den Kadaver später geöffnet – sie traut sich das – und den Kindern die kranken Organe gezeigt. Die Stammgäste der Jugendfarm erinnern sich auch noch an das Schwein Isolde. Das zunächst gutmütige Tier bekam im Alter eine schmerzhafte Arthrose. „Das hatte kaputte Knochen", sagt Sabrina. Die Schmerzen machten aus dem lieben Vieh ein gefährliches Wesen. Es musste getötet werden – zum Schutz der Menschen und um es von seinen Leiden zu erlösen. Große Mädchen waren dabei, als es starb. „Vorher", sagt Sabrina, „haben wir uns noch von dem Schwein verabschiedet." Es gibt noch etliche weitere Beispiele. So wissen die Kinder, dass nicht alle neugeborenen Lämmer und Ziegen dauerhaft auf der Jugendfarm durchgefüttert werden können. Geld und Platz reichen nicht, um allzu viele Tiere artgerecht halten zu können. Also können überzählige nicht am Leben bleiben. Das wird heftig diskutiert, ist aber unausweichlich. Und wenn sie nach dem Schlachten das Fell eines Ziegenbockes behalten dürfen, merken Kinder, die Fleisch vorher vielleicht nur als abgepackte Stücke in der Kühltheke kannten: Tierische Häute und Felle sind kein ekliger „Abfall", sondern etwas Wertvolles, das gerade für die Menschen früher einmal sehr wichtig war.

Manchmal kann die Begegnung mit der Wirklichkeit der Natur also schmerzhaft sein. Ein Pädagoge, mit dem wir sprachen, erinnerte sich an eine Menge solcher Situationen, die Großstadtkindern gemeinhin fremd, Menschen auf dem Land aber vertraut sind: Als er einmal mit den Kindern auf einer Wiese Gras für die Tiere gemäht hat, geriet ein Mäusenest in die Messer. Die Jungen und Mädchen begriffen schnell: Schwer verletzte kleine Mäuse heilen zu wollen, ist unsinnig. Sie direkt zu töten, ist gnädiger.

Aber neben all den wichtigen Erfahrungen über den Kreislauf der Natur bietet die Jugendfarm den kleinen und größeren Besuchern einfach einen Platz, miteinander Spaß zu haben und sich wohlzufühlen. Wenn es zuhause Ärger gab, dann kann es sehr tröstlich sein, einfach einmal in einer Ecke zu sitzen und mit dem Meerschweinchen oder einem Frettchen zu schmusen, das weiche Fell zu genießen und zu träumen. „Denn die Jugendfarm", sagen die Betreuer, „ist ein Bereich, den die Kinder für sich haben sollen, ohne Eltern."

▲ Tiere können trösten.

Wie die Zeit vergeht

Das Abeler-Uhrenmuseum

Die Uhr beherrscht unseren Alltag ganz selbstverständlich. Wie Menschen im Laufe der Jahrhunderte die Zeit gemessen haben, sehen wir im 1958 eröffneten Wuppertaler Uhrenmuseum. In dem stehen wertvolle alte Uhren, von der Familie Abeler liebevoll gesammelt und wieder in Gang gebracht. Sie ticken und schlagen wie vor 200, 300, 400 oder noch mehr Jahren. Insgesamt 2 000 Objekte sind dort zu finden. Sie stammen aus ganz unterschiedlichen Zeiten und Kulturen. So bekommt der Besucher einen sehr guten Überblick über die Geschichte der Zeitmessung. Der Bogen spannt sich von den Wasseruhren der alten Ägypter bis zu dem die Atomzeit anzeigenden Gerät. Und über manche eher komischen Exemplare dürfen Gäste schmunzeln.

Das Abeler-Haus in der Poststraße ist nicht zu übersehen. Es fällt schon durch seinen außen angebrachten Turm mit 28 Glocken auf, eine Weltzeitenuhr, eine Weltkarte und verschiedene Spieluhr-Figuren, etwa Männer, die schwere Karren schieben, und den Sensenmann, der an die Vergänglichkeit des Lebens erinnert.

Der Rundgang im Inneren beginnt bei Nachbildungen uralter Zeitmessgeräte, z. B. einer Wasseruhr. Die erste Wasseruhr der Welt soll in Ägypten entwickelt worden sein. Sie funktionierte auch nachts – anders als die Sonnenuhr. Unterschieden werden zwei Typen: Die „Auslauf-Wasseruhr" funktionierte so: Bei Sonnenaufgang wurde das Gefäß mit Wasser gefüllt. Durch eine kleine Öffnung am Boden floss das Wasser langsam heraus. Sank der Wasserspiegel, konnte man die Zeit an den Markierungen im Inneren des Gerätes ablesen. Bei der „Einlauf-Wasseruhr" tropfte das Wasser gleichmäßig in das Gefäß hinein. Eine solche Konstruktion ist im Uhren-

Eine silberne Sanduhr

museum zu bestaunen: Aus den Augen einer kleinen Amorfigur tränt das Wasser, sammelt sich in der Muschelschale und fließt von dort in ein zylindrisches Becken. Dieses füllt sich nach und nach; auf einem Schwimmer stehend steigt die Figur eines Fauns empor und zeigt mit dem von Amor gestohlenen Pfeil auf der Säule die Zeit an.

▲ Schon früh kannten die Ägypter Sanduhren.

Im 5. Jahrhundert v. Chr. gelangte die Sonnenuhr von den Ägyptern zu den Griechen. Der Schatten eines aufrecht stehenden Stabes fällt auf ein unterteiltes Zifferblatt und wandert mit der Zeit darüber hinweg. Die Sonnenuhr taugt für Länder mit viel Sonnenschein. Zu den ganz früheren Zeitmessern gehörte auch die Kerzenuhr. Die Kerze war in regelmäßigen Abständen mit den Stundenzahlen eins bis zwölf markiert. Man zündete den Docht an und ließ dem Wachs seinen Lauf.

Ein originelles Gerät haben die Chinesen erfunden, die Feueruhr. Sie wurde in Tempeln benutzt. Ein kokelndes Räucherstäbchen verbrannte in bestimmten Abständen dünne Seidenfäden, die mit Metallkügelchen verbunden waren: Die Kügelchen fielen in eine Schale und gaben durch den Ton die Zeit fürs Gebet an. Witzig ist auch die „Mittagskanone“: Wenn es genau 12 Uhr war, bündelten sich die Sonnenstrahlen durch ein Brennglas auf das Zündloch einer kleinen Kanone, die sich dann pünktlich mit lautem Knall entlud.

Als es noch keine Uhrwerke gab, war die Sanduhr weit verbreitet. In Europa soll sie aber erst im 14. Jahrhundert aufgetaucht sein. Wann und wo sie erfunden wurde, sei nicht bekannt, schreibt Jürgen Abeler in seinem Buch *Das Wuppertaler Uhrenmuseum*.

Die Sanduhr – wie wir sie heute noch aus Küche und Sauna kennen – besteht in der Regel aus zwei Glasbirnen, durch deren engste Stelle in der Mitte feiner Sand, Marmorstaub, Zinn- oder Bleipulver eine Stunde (oder, bei der Eieruhr, fünf Minuten) lang rinnen. Die Sanduhr wurde auch auf Schiffen gebraucht. Sie maß jeweils eine halbe Stunde. Dann musste sie wieder umgedreht werden. Eine Wache auf See dauerte acht „Glasen“ (vier Stunden). Da die Sanduhren sehr zerbrechlich waren, soll z. B. Colum-

bus mit mehr als 100 auf die Westindienreise gegangen sein. Als er zurückkam, heißt es, habe er nur noch eine gehabt. Und die sei kaputt gewesen.

Äußerst gruselig – die Totenkopfuhr

Die Geschichte der modernen Uhr begann im Dom zu Pisa (Italien). Dort lauschte der junge Galileo Galilei (1564–1642), später einer der größten Wissenschaftler aller Zeiten, der Predigt und beobachtete dabei eine Lampe, die an einer langen Kette von der Decke herab hing und langsam schwang. Als scharfem Beobachter fiel dem jungen Mann auf, dass sich zwar die Weite der Schwingung allmählich verkleinerte, die Dauer aber gleich blieb. Er fand heraus, dass die Schwingungsdauer von der Länge des Pendels abhängt. So braucht ein Pendel von 1 m Länge für eine Schwingung eine Sekunde.

Die ersten mechanischen Uhren wurden mit schweren Gewichten angetrieben. Das Gewicht bewegte sich abwärts, dadurch wurden von der Walze eine Schnur abgewickelt und ein Zeiger bewegt, der mit der Walze durch Räder verbunden war. Diese Räderuhren hatten nur einen Zeiger. Um Minuten anzugeben, waren sie nicht genau genug. An die Stelle der Gewichte traten später Aufzugfedern. Wenn man die Spiralfeder aufzieht, wird so viel Energie gespeichert, dass das Uhrwerk eine Weile angetrieben werden kann, indem die Feder sich langsam entspannt.

Bis vor etwa 150 Jahren brauchten die Menschen keine ganz präzise Zeitmessung. Sie richteten sich nach der (nicht überall ganz genauen) Kirchturmuhr. Das änderte sich, als die Leute mit der Eisenbahn reisen konnten. Fahrpläne machten einheitliche Zeiten notwendig, die über den Telegrafen an alle Bahnhöfe an der Strecke durchgegeben werden konnten. Heute kommt es erst recht auf die Minute an – etwa, wenn der Bus um 8.19 Uhr abfährt. Auch für die Industrie sind genaue Zeitabläufe notwendig. Inzwischen haben wir Uhren, die über Batterie mit elektrischem Strom arbeiten. Wenn durch ein Quarzkristall ein elektrischer Strom hindurchgeht, entstehen gleichmäßige Schwingungen. Sie können dazu benutzt werden, die Zeit in Ziffern (Digitaluhr) oder mit Zeigern auf einem normalen Zifferblatt anzuzeigen. Quarzuhren sind so genau, dass sie nur ein paar Sekunden im Jahr vor- oder nachgehen. Noch genauer sind Atomuhren: Sie leisten sich nur einen Fehler von etwa einer Sekunde in 30 000 Jahren.

Im Uhrenmuseum gibt es eine Fülle von zum Teil kostbar geschmückten Stücken, darunter auch zahlreiche tragbare Uhren. Schön gruselig ist die silberne Totenkopfuhr – so etwas war eine Weile sehr in Mode: Sie ist über sieben Kettenglieder (die Wochentage ?) mit einer kleinen hübschen Sanduhr (Laufzeit 14 Sekunden) verbunden. Um die Zeit ablesen zu können, muss man den Unterkiefer des Totenkopfes herunterklappen.

Jürgen Abeler berichtet davon, dass es im Bergischen zahlreiche ausgezeichnete Uhrmacher gab. Sie waren in Velbert, Schwelm, Gummersbach, bis nach Seelscheid, Waldbröl und Wiehl zu Hause. Dieses Handwerk litt dann aber darunter, dass im Schwarzwald billige Uhren hergestellt wurden. Abeler: „Kostete eine ordentliche Bergische Bodenstanduhr um 1830 etwa 20 bis 35 Taler, so konnte man die Schwarzwälder Uhr schon für drei bis fünf Taler kaufen. Als die Konkurrenz der Schwarzwälder Uhren immer fühlbarer wurde, hat dann einer nach dem anderen einfach aufgegeben und sich einem anderen Broterwerb zugewandt."

Was es sonst noch gibt in Wuppertal

Das Freizeitbad Bergische Sonne

Wenn es Bindfäden regnet, und das soll in Wuppertal öfter vorkommen, dann gibt es eine gute Adresse für eine kurze Reise in die Sonne. Denn so ist das große Freizeitbad an der Lichtscheider Straße hoch über dem Wuppertal benannt, das für Familien eine Menge bietet, unter anderem 202 m lange High-Tech-Rutschen, Wellenbecken, Strömungskreisel, Whirlpool, rauschende Wasserfälle, Solebecken. Und ein neues Kinderabenteuerland mit Piratenschiff, Piratenhöhle und Kleinkindbereich!

Fuhlrott-Museum

Von der Entdeckung des Neandertals bis zu Aspekten modernen Umweltschutzes reicht die Spanne. Hier gibt es auch eine Lernstation, auf

Bis heute werden im Kotten Messer geschliffen.

der Kindergeburtstage gefeiert werden können. Vor allem aber wird Schulklassen Naturkunde nahe gebracht. Themen sind unter anderem: Dinos und andere Saurier.

Manuelskotten

Der Manuelskotten, der letzte heute noch tätige Schleifkotten auf Wuppertaler Stadtgebiet, liegt im Tal des Kaltenbaches, der auf der Höhe von Wuppertal-Cronenberg entspringt. Durch die verschiedenen Antriebsarten, die unter seinem Dach versammelt sind, ist er einmalig in der gesamten Region. Mit Wasserrad, ehemaliger Dampfmaschine, Dieselmotor, Generator und Elektromotor gibt er einen Überblick über die Geschichte der Energiegewinnung in den letzten 100 Jahren. Seit 1993 gehört der Kotten der Stadt Wuppertal als Außenstelle des Historischen Zentrums.

Floß fahren auf der Wupper

Die Wupper ist ein fleißiger Fluss. An ihm lagen früher die Textilbleichen, und ihn säumen bis heute Fabriken. Aber dieses brave, zahme Gewässer lädt durchaus zu Abenteuern ein. Nämlich zum Paddeln und Floß Fahren. Fürs Floß Fahren werden zwei Strecken angeboten: von der Müngstener Brücke nach Schloss Burg (Dauer etwa 2 Stunden); und von der Dörner Brücke bis zur Rutenbeck (rund 4 Stunden). Man kann sich Flöße auch einfach ausleihen und eine eigene Strecke planen.

Abenteuer-Touren auf der Wupper

RAINBOW-PARK

Sport-und Freizeitanlage mit „Kidzz World", ein einzigartiger Indoor-Abenteuer-Spielplatz im Bergischen Land. Geeignet für Kinder „von 1,10 m bis 13 Jahren". Viele Attraktionen, z. B. „Auto-" bzw. „Kinder-Waschanlage", Bällchenbad, Riesenrutsche, Kletterturm, Affenring und Dunkelkammer, „Münchhausens Flugunterricht" (mit Ball oder Seil durch die Luft fliegen), viele weitere Möglichkeiten zum Klettern, Springen, Spielen und Turnen. Ein Knaller!

STATION NATUR UND UMWELT

In Exkursionen lernen Kinder mit ihren Eltern die Natur kennen und entwickeln ein Bewusstsein für Umweltprobleme. Die Ausflüge führen z. B. ins Gelpetal, in das zur Station gehörende Naturlehrgebiet oder in die Marscheider Teichanlage. Das Programm reicht vom „Kompostführerschein" bis „Indianerküche", Waldrallye und Nistkastenbau. Interessant auch für Schulklassen!

VON-DER-HEYDT-MUSEUM

Erleben – Sehen – Finden: Hier können Kinder ihre Kreativität in Workshops entfalten.

WICKED WOODS

Der Treffpunkt für Inliner und Skateboarder: Eine 2 500 m² große Skaterhalle mit Corner, Funpipe, Pool, Para und Wall. Der Hit für alle, die schon lange keine Windeln mehr brauchen!

Abstecher ins Ennepetal

ABENTEUER AUF ALLEN VIEREN – DIE KLUTERTHÖHLE

Wer einmal angefangen hat, unterirdische Gänge und Höhlen zu erkunden, kann dafür eine besondere Leidenschaft entwickeln. So ist es uns gegangen, nachdem wir die Grotten in Wiehl und Engelskirchen besucht hatten. Wir erfuhren, dass es noch eine weitere Höhle gibt, die zwar nicht mehr im Bergischen Land liegt, aber einen besonderen Reiz hat und deshalb beschrieben werden soll: die Kluterthöhle in Ennepetal. Die können wir, einzigartig in Deutschland, eineinhalb Stunden lang auf allen Vieren mit Taschenlampen durch den Lehm robbend, so entdecken, wie es richtige Höhlenforscher oft tun. Natürlich wird man bei diesen „Abenteuerführungen" schmutzig. Aber es soll Kinder geben, denen das überhaupt nichts ausmacht. Auch Erwachsene sind eingeladen, sich durch enge Gänge zu zwängen – vorausgesetzt, sie leiden nicht unter hemmendem Übergewicht.

Die Kluterthöhle hat, ebenso wie die Aggertalhöhle, keine Tropfsteine aufzuweisen, dafür aber ist sie die mit dem längsten – erhobenen Hauptes zu meisternden – Führungsweg Deutschlands. Er misst etwa 1 km. Und auf dieser Strecke, einer anderen als der „Kriechspur“ erstreckt sich ein Korallenriff, das 360 Mio. Jahre alt ist. Außerdem sehen wir einige sehr schöne Seen mit kristallklarem Wasser. Übrigens hat die Kluterthöhle noch eine besondere Attraktion zu bieten. In unterirdischen Behandlungsräumen können Menschen mit Atemwegserkrankungen wie Asthma, Pseudokrupp, Keuchhusten oder auch Allergien unter ärztlicher Anleitung kuren. Es gibt dort sogar eine richtige Kinderstube mit Spielzeug.

Zu der Kluterthöhle gibt es eine hübsche Geschichte: In ihr verbargen sich die Menschen schon während des 30-jährigen Krieges vor den Franzosen. Der Eingang wurde jedoch durch ein Fachwerkhaus verborgen. Und in dem, meinten die Feinde, hätten sich die Leute aus dem Ennepetal versteckt. Sie brannten das Haus ab. Erst dann entdeckten sie den schmalen Eingangsspalt. Das hat die Soldaten so geärgert und beeindruckt, dass die Kluterthöhle 100 Jahre später in französische Militärkarten eingezeichnet war.

Höhlenforscher brauchen Licht, ...

Die Sage um die Kluterthöhle

Um diese Grotte rankt sich auch eine Sage: Ein Wanderer war einmal unterwegs vom Tal der Wupper nach Limburg, heute Hohenlimburg. Dabei musste er das finstere Ennepetal passieren. Da kam ein Zwerg daher. Der bot dem Wanderer eine Abkürzung durch die Höhle an. Um nicht vom Weg abzukommen, solle der Fremde einem Fuchs folgen und dessen Schwanz festhalten. Alles ging gut, doch vor dem Ausgang der Höhle schnarchte ein Riese. Der wachte auf, als er Menschenfleisch roch, kam jedoch an den Wanderer in der für ihn zu kleinen Höhle nicht heran. Vor lauter Wut warf er ein paar mächtige Felsbrocken durch die Gegend, die heute noch da liegen. Der Höllenlärm erschreckte das Menschlein so sehr, dass es den Schwanz losließ. Der Fuchs schoss davon, der Riese folgte ihm, und der Wanderer konnte unbehelligt nach Limburg spazieren.

▲ ... und sie müssen gut kriechen können.

Stefan Voigt vom Vorstand des Arbeitskreises Kluterthöhle, der die unterirdischen Räume im Bergischen Land und im Westsauerland wissenschaftlich erforscht, weist im Übrigen darauf hin, dass ständig neue Höhlen entdeckt werden, die allerdings für normale Sterbliche nicht zugänglich sind. Auf zwei Drittel aller heute bekannten Höhlen, „riesige Systeme“, sei man erst seit 1980 gestoßen, meist ganz zufällig – so in jüngster Zeit auf die Gummersbacher Rosperhöhle. Für Voigt ist das Erforschen von Höhlen das letzte große Abenteuer. Denn was sich unter der Erde verbirgt, kann nicht mit technischen Mitteln, etwa Ultraschall, sichtbar gemacht werden. Da müssen sich schon Menschen selbst auf den Weg in die Unterwelt machen.

Voigt hat selbst schon etliche Höhlen entdeckt, eine davon in Kambodscha. Dorthin war er vom Auswärtigen Amt geschickt worden. Da hat er sogar eine große Grotte gefunden, in der sich ein längst vergessener Tempel aus dem 11. Jahrhundert verbarg. „Und der war von Tropfsteinen ganz überzuckert.“

Unterirdische Tempel sind in unseren Breiten eher selten. Aber mit etwas Fantasie können wir manche Felsformation ohne weiteres für einen geheimnisumwitterten Kultplatz halten.

Alle Infos über die Verkehrsämter ab S. 152

Fast so schön wie fliegen
Die Schwebebahn

Allgemeine Informationen: Wuppertaler Stadtwerke www.wuppertal.de
Bromberger Straße 39-41 / 42281 Wuppertal / Tel. 0202-569 52 00
info@wsw-online.de

ABC-Programm
Informationszentrum am Döppersberg (Elberfeld)
Tel. 0202-19 433 / Fax 0202-563 80 52 infozentrum@stadt.wuppertal.de
Öffnungszeiten: Mo-Fr 9-18 Uhr, Sa 9-13 Uhr

Eine kleine, mühselige Welt
Museum für Frühindustrialisierung

Engelsstraße 10 / 42283 Wuppertal (Barmen) / Tel. 0202-563 64 98
Öffnungszeiten: Di-So 10-13 Uhr und 15-17 Uhr
Eintritt: frei, Führungen für alle Schulformen
Dieses Historische Zentrum ist bis etwa April 2004 geschlossen und wird zusammen mit der Remise nach Fertigstellung neu eröffnet.

Der Garten der Tiere
Spaziergang zum Zoo

Vorweg: Hunde dürfen zum Schutz der Tiere nicht in den Zoo!
Zoo Wuppertal www.zoo-wuppertal.de
Hubertus-Allee 30 / 42117 Wuppertal / Info-Tel. 0202-563 56 66
Öffnungszeiten: Täglich von 8.30-18 Uhr (Sommerzeit), 8.30-17 Uhr (Winterzeit)
Eintritt: Tageskarten Erwachsene ab 17 Jahren 6,- Euro, Kinder 4-16 Jahre 3,- Euro
Kleingruppe 1 (1 Erwachsener und bis zu 4 Kinder) 11,50 Euro
Kleingruppe 2 (2 Erwachsene und bis zu 4 Kinder) 17 Euro
Kombi-Karte Zoo VRR innerhalb Wuppertals Erwachsene 8,- Euro, Kinder 4,50 Euro
Gruppenermäßigungen
Zooschule: Anmeldung unter Tel. 0202-274 71 46 (Mo, Mi-Fr 13-14 Uhr)
Hummelschule: AB-Tel. 0202-274 71 53 zooschule@zoo-wuppertal.de

Wo Elefanten blau sind
Das Kindermuseum

Beyeröde 1 / 42389 Wuppertal (Langerfeld) / Tel. 0202-60 52 78
Öffnungszeiten: Di-Fr 10-13 Uhr, Mi auch 15-18 Uhr, Gruppen n. V.

Vom Leben und Sterben
Die Jugendfarm in Sonnborn

Rutenbecker Weg 167 / 42329 Wuppertal-Sonnborn
Tel. 0202-74 19 01 / Fax 0202-870 25 30
Öffnungszeiten: offener Bereich (kostenlos für Kinder ab 7 Jahren):
Di, Do 14.30-17.30 Uhr, Sa 10-17 Uhr; Gruppenangebote dreitägig Di-Do
Eintagesgruppen Di/Do 9-14 Uhr, nur nach Anmeldung
Kindergeburtstag Mi 14.30-18 Uhr, nur nach Anmeldung

Eintritt: Halbtagesgruppen: 4-Stunden-Programm pro Kind 7,50 Euro, Mindestpauschale 75,- Euro / **dreitägige Schulprojektgruppe:** Vier-Stunden-Programm pro Tag pauschal je Klasse für 3 Tage 300,- Euro / **Ferienhalbtagesgruppe:** 4-Stunden-Programm pro Kind 9,- Euro, Mindestpauschale 90,- Euro / **Mehrtägige Ferienprojektgruppen:** 4-Stunden-Programm pro Kind 8,75 Euro, Mindestpauschale pro Tag 87,50 Euro **Kindergeburtstag auf der Jugendfarm:** 3-Stundenprogramm pro Kind 7,50 Euro Mindestpauschale 75,- Euro

Wie die Zeit vergeht

Abeler-Uhrenmuseum

Poststraße 11 / 42103 Wuppertal (Elberfeld) www.uhrenmuseum@abeler.de
Tel. 0202-49 39 90 / Fax 0202-49 39 959 info@abeler.de
Öffnungszeiten: Mo-Fr 16-18 Uhr, Sa 10-13 Uhr
Eintritt: Erwachsene 3,- Euro, Kinder bis 12 Jahren 1,50 Euro, Gruppen ab 10 Personen 2,- Euro, Führungen (auch vormittags 10-12 Uhr) 15,- Euro

Was es sonst noch gibt in Wuppertal

Freizeitbad Bergische Sonne
Lichtscheider Straße 90 / 42285 Wuppertal / Tel. 0202-55 36 05
Öffnungszeiten: So-Di, Do 9-23 Uhr, Mi, Fr, Sa, 9-24 Uhr
Eintritt (Preisbeispiel): Tageskarte für Familien (2 Erwachsene ab 18 Jahren mit 1-2 Kindern bis 14 Jahren) 37,- Euro, 3. bis 5. Kind je 8,- Euro; Kindergeburtstag mit Eintritt für 4 Stunden, Pasta und Hähnchen satt: 16,- Euro pro Kind

Fuhlrott-Museum www.fuhlrott-museum.de
Auer Schulstraße 20 / 42103 Wuppertal / Tel. 0202-563 28 45
Öffnungszeiten: Di-Do 10-18 Uhr, Fr-So 11-16 Uhr, Mo geschlossen
Lernstation: Tel. 0202-563 26 10 (Frau Riedel/Frau Rücker)

Manuelskotten
Kaltenbacher Kotten 1 / 42349 Wuppertal / Tel. 0202-563 64 98 / **Öffnungszeiten:** Schulklassen: Mi 10-13 Uhr, Voranmeldung erforderlich / Alle übrigen Gruppen n. V. / **Eintritt:** frei

Floß fahren auf der Wupper
Im Mobi-Center der Elberfelder Fußgängerzone (Turmhof 6) gibt es Mo 17-19 Uhr eine Floßberatungszeit (Info-Tel. 0202-569 25 70).

Rainbow-Park www.rainbowpark.de
Dönberger Straße 70 / 42111 Wuppertal / Tel. 0202-70 50 55 / Fax 0202-70 58 36 info@rainbowpark.de / **Öffnungszeiten:** täglich 8-24 Uhr, Kidzz World Mo-Fr 15-19 Uhr Sa, So 10-19 Uhr / **Eintritt:** Kidzz World Tageskarte 4,20 Euro, Kindergeburtstag n. V.

Station Natur und Umwelt stnu.wuppertal@t-online.de
Cronenberger Straße 375a / 42349 Wuppertal / Tel. 0202-563 62 91 / Fax 0202-563 80 71

Von-der-Heydt-Museum www.von-der-heydt-museum.de
Turmhof 8 / 42103 Wuppertal / Tel. 0202-56362 31 / **Öffnungszeiten:** Di-So 11-18 Uhr, Do 11-20 Uhr

Wicked Woods www.wickedwoods.de
Schwesterstraße 60a, Halle 2 / 42285 Wuppertal / Tel. 0202-459 78 93 / Fax 0202-459 78 96
Öffnungszeiten: Mo, Di, Do, Fr 14.30-21 Uhr, Mi 14.30-23 Uhr, Sa, So 11.30-21.30 Uhr; in den Ferien ab 11.30 Uhr geöffnet / **Eintritt:** Tageskarte bis 15 Jahren 3,- Euro, ab 15 Jahren 5,- Euro, Inlineskate-Verleih 2,60 Euro am Tag, Schutzausrüstung frei.

Kluterhöhle www.kluterhoehle.de/preise.php
Grasstraße 10 / 58256 Ennepetal / Tel. 02333-988 00

2. Solingen

Schloss Burg: einst Stammsitz der Grafen von Berg – heute Wahrzeichen des Bergischen Landes

Wer erobert die Burg?

Rund um Schloss Burg

Burgen faszinieren auch im Zeitalter von Computerspielen und Video-Clips. Alte Gemäuer beflügeln auf einem Familienausflug die Fantasie von Groß und Klein. Und auf Schloss Burg darf sie besonders üppig blühen.

Andererseits wollen gerade auch Kinder wissen, ob denn alles stimmt, was von früher erzählt wird. Deshalb gibt es vor unserer Gedankenreise ins Mittelalter einige verbürgte Fakten.

Nur wenig von dem, was der Geist der Jahrhunderte hier auszuatmen scheint, ist wirklich alt. Jedenfalls nicht sooo alt. Außer einigen Grundmauerresten stammt kaum etwas aus der Ritterzeit. Schloss Burg, wie es sich heute präsentiert, ist eine Rekonstruktion, gerade mal hundert Jahre alt. Der einstige Sitz der Grafen von Berg stand aber wirklich hier und dürfte in seiner Blütezeit tatsächlich so ausgesehen haben.

Etwas Geschichte vorweg

Um das Jahr 1133 verabschiedeten sich die Grafen von Berg von ihrer alten Burg im Tal der Dhünn (heute Altenberg) und bauten auf einem Bergsporn oberhalb der Wupper einen neuen Sitz, modern und nach neuester Verteidigungsstrategie. Im Rittersaal zeigt das erste Wandgemälde rechts eine Szene aus jener Bauphase. Die wurde von Graf Adolf I. von Berg eingeläutet. Als wehrhafter Ritter steht er als Bronzefigur am Treppenaufstieg im Innenhof.

Unter dem berühmtesten seiner Nachfolger, Graf Engelbert II. von Berg (dessen goldenes Reiterstandbild im äußeren Burghof ist Hintergrund unzähliger Klassen- und Gruppenfotos), erreichte die Anlage als weiträumige Hofburg fast schon die heutigen Ausmaße. Das war um 1220, also kurz bevor der Grundstein für den Kölner Dom gelegt wurde (1248). Als Erzbischof von Köln, der Engelbert zugleich war, wurde er nach seiner Ermordung, 1225, noch im alten Kölner Dom beigesetzt.

Am Eingang zur Burg wacht Graf Adolf I.

Damit sind auch schon die Höhepunkte in der Geschichte von Schloss Burg beschrieben. Denn gut ein Jahrhundert später verlegten die Grafen von Berg ihre Residenz an den Rhein und bauten dort, im Dorf an der Mündung des Flüsschens Düssel, ihr neues Schloss.

Vom Grafensitz zur Ruine

Die Burg an der Wupper war nun nicht mehr wehrhafter Herrschaftssitz, sondern diente bei Festen und vornehmen Jagdgesellschaften der Repräsentation. Die Burg wurde zum Schloss. Daher stammt der ungewöhnliche Doppelname: Schloss Burg. Doch für ein höfisches Leben wurden die überwiegend dunklen und kalten Gemächer – Fenster gab es kaum – immer unattraktiver. Und mit fortschreitender Waffentechnik hatten Burgen als Wehranlagen ohnehin ausgedient. Schloss Burg verfiel. Was Wind und Wetter nicht schafften, besorgten die Menschen. Nach dem 30-jährigen Krieg wurde die Burg eingerissen. Noch im vorvorigen Jahrhundert bediente man sich der Ruine als Materiallager, man brach Steine und Balken für neue Bauten heraus.

Nur noch nackte Teile der Außenmauern standen, als 1887 Bürger des Bergischen Landes beschlossen, das Schloss im ursprünglichen Stil – d. h., was man damals darüber wusste – wiederaufzubauen. Bis heute ist dieser „Schlossbauverein" die treibende Kraft für Ausbau und Erhalt des Bergischen Wahrzeichens.

Wir erstürmen die Burg

Stellen wir uns vor, wir wären Feinde, die die Burg einnehmen wollen. Klar, dass wir ein schweres Spiel haben, wenn wir von unten, aus dem Tal von Wupper und Eschbach kommen. Der heutige Fußweg ist zwar steil und bringt Großstadtmenschen ins Schwitzen. Doch er wird zum lockeren Spaziergang, wenn wir uns vorstellen, wir müssten hier mit schwerem Tross herauf: Pferde, Wagen, Waffen, Rammblöcke, Munition und Verpflegung. Es gab keine geteerte Straße, die heute so problemlos nach oben führt.

▲ Die bequeme Art der Eroberung per Seilbahn

Natürlich luden unten an der Talstation auch keine Cafés zur vorherigen Stärkung ein. Wohl standen Häuser unterhalb der Burg, im Ortsteil Unterburg. Deren Bewohner waren im Verteidigungsfalle in die Burg geflüchtet und halfen, sie zu verteidigen. Denn zur Aufgabe eines Landesherren gehörte nicht nur das Befehligen seiner Untertanen. Er gewährte ihnen auch Schutz. Eine Burg musste so groß sein, dass sie auch die umliegende Bevölkerung aufnehmen und verpflegen konnte.

Nach gut 20 Minuten werden wir den Berg bestiegen haben (Kinderwagen oder Rollstühle schieben ist anstrengend, aber es geht). Ist da ein Witzbold, der meint, die Feinde hätten sich mit einer Seilbahnfahrt leichter getan? Er hat nicht Unrecht – allerdings nur für den Anfang der Strecke. Denn leicht können wir uns ausmalen, wie oben der Empfang ausgesehen hätte. Wer einen Burgberg über den Steilhang erobern wollte, war für die Steine und Pfeile der Verteidiger eine leicht auszumachende Zielscheibe.

Die stärkste Mauer an schwächster Stelle

Am Haupteingang zur Burg angekommen, werden ganz Schlaue vielleicht meinen, dass man sich den steilen Weg von unten hätte sparen können. Wie wäre es denn, der Feind wäre von oben, über die Autobahn aus Richtung Wermelskirchen gekommen und stürmte nun mit Wucht die Straße hinunter, die auf das Tor führt? Stimmt! Genau das mussten die Verteidiger fürchten. Hier am Haupttor war die Burg am leichtesten zugänglich, hier war sie am ehesten verwundbar. Die Burg liegt nämlich nicht auf der Spitze eines Bergs, auf einem Kegel, wie es von unten scheint, sondern auf einem so genannten Sporn. Nur nach drei Seiten geht es steil ab.

Genau deswegen wurden die Verteidigungsanlagen zur Straße hin massiv verstärkt. Schauen wir uns die mächtige Außenmauer an! Wie ein Schutzschild liegt sie vor der Burg. Deshalb heißt sie Schildmauer. Die dicke, hohe Schildmauer gilt als unzerstörbar.

Uns Eindringlingen bleibt also nur der „ordnungsgemäße“ Eingang durch das Tor. Doch so freundlich, wie es heute die Touristen einlädt, stand es im Verteidigungsfall nicht offen. Wir schauen nach oben und ahnen beim Anblick der spitzen Fallgitterstäbe, was uns im Ernstfall geblüht hätte. Von solchen Toren warten noch mehrere auf uns.

Von Fallgittern, Pechnasen und allerlei Grausigem

Wenige Schritte nach dem Eingangstor folgt ein weiteres Fallgitter. Wenn das herunter sauste, saß der Feind in einer Falle, er war eingesperrt wie ein Tier im Zwinger (daher „Zwingertor"). Heute ist da nichts zu fürchten. Friedlich und romantisch wirken die Fachwerkbauten. Alles andere als romantisch war aber das, was einst den Feind hier empfing. Über dem Tor droht ein kleiner Vorbau mit einer Öffnung Unheil an. Siedendes Öl oder glühend heißes Pech wurde auf die Eindringlinge geschüttet. Daher heißt solch ein Vorbau „Pechnase".

Immer noch eroberungslustig? Gut, dann stürmen wir weiter. Rechts sehen wir schon die Außenfassade des großen Rittersaals. Doch bis zum Innenhof warten noch weitere Hindernisse. Zuerst hält uns das Mitteltor auf. Es ist in die Mauer eingelassen, die das Hauptgebäude mit einem wuchtigen, runden Turm links verbindet. An den Fensternischen dieses gedrungenen Rundturms erkennen wir die ungeheure Dicke seiner Mauern. Diese mussten besonders stark sein, denn dort lagerten die schweren Geschütze, die Kanonen der Burg. Waffen für den Verteidigungsfall waren hier, im Batterieturm, gespeichert. Die kleinen Akkus, in denen wir heute Strom speichern, haben von diesen Vorratskammern übrigens ihren Namen erhalten.

Der Bergfried als letzter Zufluchtsort

Bis vor das Hauptgebäude sind wir nun vorgedrungen. Rechts sehen wir die einzige verglaste Fensterfront einer Burg. Hinter ihr liegt der Palas, der Rittersaal. Links oben blicken wir in schmale, unverglaste Maueröff-

▶ Typisch für eine Burg: Wehrgänge und Schießscharten

nungen. Das sind Schießscharten, aus denen Geschosse drohten, wenn der Feind es wagte, das mächtige Einlasstor zu knacken. Heute steht es allerdings gefahrlos offen. Ein Eintrittsgeld genügt, und wir dürfen es passieren. Insgesamt vier Tore galt es also zu überwinden.

▲ Letzter Zufluchtsort: der Bergfried

Endlich sind wir im Inneren der Burg. Doch eingenommen haben wir sie noch lange nicht. Von den Wehrgängen rundumher empfangen Pfeile und Steine die ungebetenen Gäste.

Mit etwas Glück könnte man trotz des Munitionshagels rechts über die Treppe ins Burggebäude vorstoßen. Doch den Burgherrn werden wir dort nicht gefangen nehmen können. Der haust nämlich mit seinen Verteidigern und Schutzbefohlenen, mit Vorräten und Waffen im höchsten Turm der Burg, dem Bergfried. Und der steht mitten auf dem Burgplatz, nur durch eine Holzbrücke in luftiger Höhe mit dem Wehrgang verbunden. Natürlich wurde diese Brücke – früher war sie aus Holz – im Ernstfall hochgezogen.

Wo aber ist eine Türe, die man vom Boden aus hätte einrammen können, um in die oberen Geschosse des Bergfrieds vorzudringen?

Ist es das Portal gegenüber der Andenkenbude? Nein, das wurde erst in unseren Tagen für die Touristen hineingebrochen, damit sie das Verlies im Erdgeschoss besichtigen können. Ein Blick dort zeigt uns, dass drinnen tatsächlich keine Treppe in die Höhe führt. Wie aber kamen die Burgbewohner selbst in den Bergfried? Nun, hier unten werden wir vergeblich den Eingang suchen. Erst viele Meter über dem Erdboden entdecken wir eine Einlasstüre. Was zunächst wie ein Schildbürgerstreich aussieht, ergab durchaus Sinn.

Aushungern und Belagern

Die Burgverteidiger bestiegen den Turm über eine Leiter. Der Letzte zog dann die Leiter ein, und der Feind konnte unten vor Wut gegen die Wände treten, doch weiter kam er nicht. Eine todsichere Sache also, so ein Bergfried? Jawohl, in jeder Hinsicht. Entweder zog der Feind nun enttäuscht ab, oder er brachte wirklich den Tod. Denn zwei ganz grausame Eroberungsmethoden blieben noch: Der Feind konnte um den Bergfried herum Feuer legen und seine Insassen ausräuchern, oder er konnte sie einfach aushungern. Irgendwann gingen auch die üppigsten Vorräte zu Ende. Vor allem Wasser wurde knapp. Denn wie wir auf Schloss Burg sehen, steht der Brunnen außerhalb des Bergfrieds im Innenhof.

Schließen wir unsere kriegerische und grausame Burgeroberung ab mit einer versöhnlichen Geschichte, wie sie auf vielen Burgen gern erzählt wird. Ob sie sich einst auch auf Schloss Burg so zutrug? Heute dürfen wir es mal glauben.

Der weite Blick vom Bergfried über die Wupperberge

Wie ein pfiffiger Küchenjunge die Burg rettete

Einstmals wurde Schloss Burg belagert. Der Feind war bis zum Bergfried vorgedrungen und setzte nun alles daran, die Verteidiger auszuhungern. Es galt, Tage und Wochen abzuwarten.
Die Vorräte schwanden. Hunger und Durst forderten erste Opfer. Brot gab es schon lange nicht mehr, und auch alles Getier war bereits geschlachtet. Bis auf einen Hahn. Den brauchte man zum morgendlichen Wecken.
Der Koch soll endlich das Messer auf ihn ansetzen und ihn braten, forderten die hungernden Soldaten. Als man dem Hahn nun an die Kehle wollte, riss der Küchenjunge dem Koch das Messer aus der Hand. „Nein, nein, nicht den Hahn schlachten", schrie er aufgeregt und handelte sich für diese Dreistigkeit eine Ohrfeige ein. Eine zweite bekam er vom Koch gleich hinterher, als er nun auch noch einen unmöglichen Vorschlag machte. Die Wachen sollten den Hahn über die Turmzinnen werfen und fliegen lassen. Ehe noch jemand sich über diese Verrücktheit empören konnte, ergriff der Junge selbst den Hahn und warf ihn hoch in die Luft. Der nutzte natürlich seine Freiheit und flatterte den Bergfried hinunter.
Die Feinde trauten ihren Augen nicht. Auch ihnen war das Belagern inzwischen beschwerlich geworden, sie hatten schließlich entbehrungsreiche Wochen hinter sich. Sie hofften jeden Tag darauf, dass der Hunger die Belagerten zur Aufgabe zwingen würde. Doch nun? Da ließen die gar noch einen Hahn fliegen? „Eher schlagen wir hier Wurzeln und verhungern selbst, als dass die auf der Burg an Hunger sterben!", schimpfte der Hauptmann der Feinde. „Die scheinen es noch so üppig zu haben, dass sie nicht mal ihr Geflügel im Käfig halten." Entmutigt gab er das Zeichen zum Aufbruch und zog seine Belagerungstruppen ab.
Der Küchenjunge aber wurde von den Erlösten als Held gefeiert. Fortan setzte es auf dieser Burg nicht mehr gleich Ohrfeigen, wenn ein Untergebener einen Vorschlag machte – auch wenn er zunächst höchst unvernünftig klang.

Kinderverlobung und Donnerbalken

Kurioses im alten Grafenschloss

Seien wir bescheiden! Wer alles sehen will und durch das Burginnere hetzt, wird letztlich nichts sehen. Zu üppig ist Schloss Burg inzwischen ausgestattet und zu vielseitig sind die Themen, als dass alles bei einem Besuch mit Kindern erfasst werden könnte. Hier stellt sich schließlich nicht nur die Burg selbst dar, hier ist auch das Bergische Museum untergebracht. Und das präsentiert viele Schauobjekte, die nichts mit dem Burgenleben, sehr wohl aber mit dem Bergischen Land und seinen Bewohnern zu tun haben. Da wird die Vor- und Frühgeschichte des Landes erklärt, Münzen, Waffen, Musikinstrumente, Möbel und Spielzeug der verschiedensten Epochen sind ausgestellt. Eine komplette Wohnstube, Schlafgemach, Küche und Musikzimmer sind eingerichtet. Wunderschöne originale Apothekenausstattungen wurden vor einem Schicksal auf dem Sperrmüll oder Trödelmarkt bewahrt, weil man sie hier ins Museum holte, restaurierte und pflegt.

Das Museum beherbergt aber auch anschauliche Modelle von der Gesamtanlage und von der mittelalterlichen Bauphase – also einer Zeit ganz ohne Maschinen. Auch Waffen (Lanzen, Speere, Armbrüste), die nachgestellte Schlachtszene von Worringen (1288), Kleidung und soziale Statussymbole passen da gut hinein. Zu bestimmten Vitrinen lockt der Museumsdirektor die Kinder mit netten versteckten Suchspielen.

▲ Suchspiele im Modell von Schloss Burg

Ansonsten spricht die Burg für sich selbst. Ihre Säle, Kemenaten, Treppen und Wehrgänge mit den Schießscharten wollen erlaufen sein. Krönender Abschluss ist natürlich stets der Ausblick vom Bergfried. Lebendig wird es, wenn jemand etwas zum Gesehenen zu erzählen weiß.

Donnerbalken im Heymlich Gemach

Nach dem imposanten Rundblick ist für manche Kinder „die Luft raus". Eine Suchaufgabe motiviert allerdings auch noch am Schluss: Wo war

HEIRATEN STATT KRIEG FÜHREN

Natürlich tuscheln auch Achtjährige schon mal von der Liebe. Wer mit wem „geht", wer mal wen heiraten könnte, obwohl man Heiraten doch „schrecklich doof" findet. Wie verblüfft werden Kinder sein, dass ein großes Wandgemälde im Rittersaal eine „Kinderhochzeit" zeigt. Genauer gesagt ist es die Verlobung der fünfjährigen Maria von Jülich-Berg mit dem sechsjährigen Johann von Kleve-Mark im Jahre 1496. Bevor jemand glaubt, hier würde Unsinn erzählt, gilt es das Bild zu finden. Es bietet Gelegenheit, von mittelalterlicher Diplomatie und Landespolitik zu erzählen:

Was macht ein Fürst, wenn er sein Land vergrößern möchte, wenn er mächtiger werden will oder letztlich nur sicher vor einem gefährlichen Nachbarn leben möchte? Die Rüstungen am Burgeingang sind ein deutlicher Hinweis: Er rüstet auf. Und mittelalterliche Praxis war es, sich mit Kampf und Krieg das zu holen, was man haben wollte.
Es gab aber auch eine friedliche, unblutige Methode der Landerweiterung: Die Kinder zweier benachbarter Herrscherhäuser wurden miteinander verheiratet. Da sie ihr jeweiliges Land als Erbschaft in die Ehe einbrachten, wurden somit auch die beiden Länder miteinander „verheiratet". Jetzt musste man den Nachbarn nicht mehr als Feind fürchten, schließlich war man verwandt. Damit auf die Friedenszeit Verlass war, wurde in einem Vertrag, der Verlobung, schon frühzeitig geregelt, wen die Kinder später heiraten würden. Das war dann keine Heirat aus Liebe, sondern ausschließlich eine aus politischen Gründen. (Deshalb hatten die späteren Ehepartner nebenbei so manche Freundin und manchen Freund als heimlichen Liebhaber.)
Unsere beiden Kinder auf dem Gemälde haben 14 Jahre nach der Verlobung geheiratet – ebenfalls auf Schloss Burg. Ihre Ehe brachte dem Land tatsächlich ungewöhnlich lange Frieden und Wohlstand. Der kleine Junge war nun Herzog Johann III. und trug den ehrenvollen Beinamen „der Friedfertige". Die Länder Jülich-Berg und Kleve-Mark, die durch diese Ehe zusammengeführt wurden, bilden übrigens den Kern des heutigen Bundeslandes Nordrhein-Westfalen.

das Klo? Ein WC oder gar Bad in unserem Sinne haben wir auf der Burg bislang nicht entdeckt. Vom Bergfried auf dem Wehrgang zurück lüftet die Burg ihr Geheimnis: das Heymlich Gemach.

Eine Öffnung in der Mauer, ein Balken („Donnerbalken") über den kleinen Vorsprung gelegt, und schon konnte man sein „großes Geschäft" verrichten, dass es nur so krachte und donnerte. Wasserspülung? Fehlanzeige! Alles, was heute die Kanalisation schluckt, lief früher die Burgmauer hinunter. Ob der Gestank hier an der Schildmauerseite auch als Abschreckungsmaßnahme gegen heranstürmende Feinde wirkte, wissen wir nicht. Bekannt ist nur, dass es auf manchen Burgen so gestunken haben muss, dass der Burgherr seinen Wohnsitz wechselte. Er residierte so lange auf Burg B, bis sich der Gestank auf Burg A verflüchtigt hatte. Jedenfalls erzählt uns solche Geschichten die Stimme aus dem Automaten, der in der Nähe des „Donnerbalkens" bedient werden kann.

EXTRAS

Feste und Märkte auf Schloss Burg

Schloss Burg wurde in den letzten Jahren auch ein beliebter Platz für Feste, Märkte und Ausstellungen. Regelmäßig im Jahreskreis werden veranstaltet:

Ostermarkt
mit Kunst und Kunsthandwerk, Ausstellung – Demonstration – Verkauf

Ritterspiele
meist an Christi Himmelfahrt und Pfingsten, Demonstration von mittelalterlichem Leben pur, mit Extras für Kinder- und Jugendliche

Antiquitäten-Salon
im September (kein Trödelmarkt, sondern Kostbarkeiten)

Ernte-Dank-Fest
Blumenzauber um den „Tag der Deutschen Einheit", 3. Oktober, herum

Kunsthandwerkerbasar
um Allerheiligen herum: großer Treffpunkt führender europäischer Kunsthandwerker

Büchermarkt und Spieleschau
um den 1. Advent

Adventsbasar der Kunsthandwerker
an den Adventswochenenden

Konzerte und Theatervorführungen
finden übers Jahr verteilt im Rittersaal statt

Stadt der Schwerter und Klingen

Deutsches Klingenmuseum Solingen

Es gibt Themen, über die kann man endlos streiten. Etwa über die Frage, ob Autos eine gute oder eine schlechte Erfindung sind. Der eine zählt als schlimmes Beispiel die Verkehrstoten auf, der andere weist darauf hin, wie oft Notarztwagen Menschenleben retten. Meist einigt man sich bei solchen Diskussionen, dass die Erfindung selbst weder schlecht noch gut ist. Es kommt darauf an, wie man mit ihr umgeht. So könnte es auch am Schluss eines Besuchs im Deutschen Klingenmuseum Solingen-Gräfrath heißen.

Waffen und Skalpelle

Da wimmelt es von Waffen, Schwertern, Dolchen, Degen, alten wie neuen. Unbenutzte, blinkende Dekorationsstücke liegen in den Vitrinen neben solchen, über die viel, viel Blut geflossen ist. Vom Schwert des Scharfrichters (Henker) erst gar nicht zu reden. Und dann sehen wir besondere Messerbestecke für Ärzte, Skalpelle, deren Schnitte helfen, Menschen von Krankheiten zu befreien. Blitzende Klingen nützen dem Mörder ebenso wie dem Verteidiger, sie vernichten und sie retten Leben. Wichtig ist eben die Verantwortung, wie man mit ihnen umgeht. Und wichtig ist ihren Benutzern, dass sie funktionieren, einwandfrei und zuverlässig. Der Ritter, dem im Kampf das Schwert zerspringt, ist genauso handlungsunfähig wie der Chirurg, dem man stumpfe Instrumente in die Hand gibt. Ob als Waffe oder als Operationsbesteck – an Klingen werden höchste Ansprüche gestellt.

Solinger Handwerker erfüllen diese Ansprüche seit alters her so außerordentlich gut, dass der Name ihrer Stadt in der ganzen Welt für beste Schneidwaren bekannt ist. Solingen ist die Klingenstadt, das Stadtwappen zeigt es. Es ist kein Witz, dass schon mancher Weltreisender ein Messer als Souvenier mitbrachte, auf dessen Klinge stand „made in Solingen“.

Malerisches Gräfrath mit typisch bergischen Häusern

Das war schon in früheren Zeiten so. Im Museum werden Schwerter ausgestellt, die man beispielsweise in Asien gefunden hat und die eine Solinger Inschrift tragen. Damals hieß es noch nicht englisch „made in“ sondern lateinisch „me fecit Solingen“. Auf Deutsch heißt das: „Mich hat Solingen gemacht“, oder: „Ich wurde in Solingen hergestellt“.

Solch eine Gravur war ein absolutes Gütesiegel. Denn Solinger Schmiede hatten den Ruf, die besten der Welt zu sein. Eisen zu schmieden ist in der Tat eine Kunst. Zu leicht konnte dabei etwas schief gehen. Ein Schwert sollte einerseits unerbittlich hart und scharf sein. Andererseits musste sein Material auch schmiegsam sein, wenn es nicht beim ersten Gegenschlag bersten sollte. Sprödes Eisen bricht bei Belastung nämlich sehr schnell.

Heute können wir mit wissenschaftlichen Formeln der Physik und Chemie die Idealbeschaffenheit einer Klinge genau bestimmen. Beispielsweise hängen Härtegrad und Elastizität des Materials von seinem Kohlenstoffgehalt ab. Der kann bei bestimmten Temperaturen herausgeklopft werden. Aus Eisen wird dann Stahl. Was heute die Computeranalysen regeln, dafür musste früher der Schmied ein Händchen, ach was, einen starken Arm haben. Wie und wie kräftig er das glühende Eisen schlug, davon hing die Güte einer Waffe und oftmals das Leben ihres Besitzers ab.

Die Solinger Schmiede waren auf ihre Kunstfertigkeit nicht nur stolz, sondern auch eifrig darauf bedacht, dass ihnen so schnell keiner was

▶ Hier werden die berühmten Solinger Klingen hergestellt.

▲ Wappen der Klingenstadt Solingen

Auch Bestecke ...

... gehören zum Klingenmuseum.

nachmachen konnte. Sie wollten alleinige Spitze bleiben und somit auch Spitzenpreise erzielen. Sie erhoben ihr Können zum Geheimnis und stellten – mit Genehmigung des Herzogs – die Regel auf, dass das Schmiedehandwerk nur vom Vater auf den Sohn übertragen werden durfte. Darüber wachte die Bruderschaft der Schmiede, eine Handwerkerzunft, die für die Berufsausbildung zuständig war. Manchmal – etwa wenn es keinen Nachkommen gab – konnte sich jemand, allerdings mit einem hohen Geldbetrag, in eine Schmiede einkaufen.

Wenn Spezialisten Außergewöhnliches leisten, kommt rasch der Verdacht auf, es ginge nicht mit rechten Dingen zu. So wie wir im Sport heute an Doping denken, so glaubte man früher, dass geheimnisvolle Mächte die Hände im Spiel hatten. Es entstanden Sagen. Die Solinger Schmiede legten deren Inhalt natürlich zu ihren Gunsten aus. Kein Teufel, sondern ein „guter Geist" half ihnen und bestimmte gleich die Regeln, nach denen nur sie die Auserwählten bleiben durften. Allerdings waren die Solinger keineswegs die ersten und einzigen Beherrscher der Klingenkunst. Ihr Vorbild waren damals Schwerter aus dem fernen Damaskus – die Damaszenerklingen. Dort, im Orient („Morgenland"), den heutigen Staaten Syrien, Israel, Jordanien und Irak stand die Schmiedekunst in hoher Blüte. Kreuzfahrer lernten sie dort kennen und fürchten. Da die bergischen Herrscher und Ritter sich lebhaft an diesen grausigen Kriegszügen beteiligten, ist es wahrscheinlich, dass sie Muster der dortigen Waffenperfektion mit nach Hause brachten.

Wie die Solinger Meister die Schwertkunst erlernten

Meister Tilmann, der berühmte Klingenschmied, sitzt in seiner Wohnstube. Nachdenklich und ein wenig verdrießlich betrachtet er ein wunderbares Schwert, das ein Kreuzfahrer einst aus dem Morgenlande mitgebracht hat. Wie oft hat er versucht, auch eine Damaszenerklinge zu schmieden, hart und doch biegsam, sowie mit buntdurchwirktem Muster. Alle seine Bemühungen sind vergeblich gewesen; das Geheimnis dieser Schwertschmiedekunst ist ihm verschlossen geblieben.

Ein Klopfen an der Tür reißt ihn aus seinen Gedanken und Gerhard, der Altgeselle tritt ein und entbietet seinen Gruß. „Meister", fährt er zögernd fort, „ich glaube, ihr seid mit meiner Arbeit immer zufrieden gewesen. Erfüllt mir nun einen Herzenswunsch! Gebt mir die Hand eurer Tochter Hildegundis!" Der Meister antwortet mit ernster Miene: „Das ist schon so, du bist ein geschickter, fleißiger Geselle, ein guter, frommer Mensch. Mein einziges Kind hat dich herzlich gern. Doch eine Bedingung musst du vorher erfüllen. Mach dich auf die Wanderschaft, ergründe du im fernen Morgenlande das Geheimnis dieser Klinge. Wenn dir das gelingt, sollst du mir als Schwiegersohn willkommen sein."

Gerhard ist sehr betroffen, als er diesen Vorbehalt hört. Doch die Liebe zu Hildegundis und sein Handwerkerstolz lassen ihm keine Wahl.

Abends wird es ihm schwer ums Herz, als er an den Abschied und die lange Zeit der Trennung denkt. Er bittet Gott, er möge seinen Weg beschützen und sein Vorhaben segnen. Als er sich erhebt, gewahrt er einen seltsamen Greis, der zu ihm spricht: „Wenn du mir vertraust, so kann ich dir die Reise nach Damaskus ersparen. Begib dich in der Neujahrsnacht hinab ins Tal der Wupper! Dort liegt in einem Eichenwald ein altes Gemäuer. Sobald du den Ort erreicht hast, sollst du dreimal den Namen Johannes rufen. Dann wird sich dir eine verborgene Pforte öffnen und ein Gang zeigen. Tritt mutig ein, und du wirst das Geheimnis erfahren!" Sogleich verschwindet die Gestalt.

In der Neujahrsnacht geht der Geselle hinunter ins Tal und findet alles, wie es ihm vorausgesagt ist. Die Pforte öffnet sich. Gerhard gelangt in eine hell erleuchtete Schmiede. Hier tritt ihm der Greis freundlich entgegen. „Gib nur acht", ermahnt ihn der Alte, „und merke dir genau, wie ich Stahl und Eisen zusammenfüge und die verschiedenen Werkzeuge benutze! Dann musst du selbst eine Probe ablegen, alsbald wirst du die höchste Kunst des Klingenschmiedens beherrschen." Hurtig tritt der Greis den Blasebalg, die Flamme des Schmiedefeuers lodert auf. Behende und meisterlich werden Hammer und Zange benutzt. Der staunende Geselle erfährt alle Handgriffe und auch die Zusammensetzung der flüssigen Mischungen, mit denen die Klinge schließlich behandelt werden muss.

Dann muss Gerhard selbst zupacken, und siehe, das Werk gelingt. Eine der schönsten Damaszenerklingen glänzt in seiner Hand. Von ganzem Herzen dankt er seinem Lehrmeister. Der Greis will nichts von Dank wissen, aber er lässt den Gesellen einen Schwur leisten: Das Geheimnis darf für ewige Zeiten immer nur ein Vater auf den Sohn vererben.

Frohgestimmt scheidet Gerhard von seinem Wohltäter und macht sich auf den Heimweg. Er erzählt Meister Tilmann von seinem sonderbaren Erlebnis und von dem Schwur, der ihn bindet. Gleich macht sich der Geselle mit Fleiß an die Arbeit, schafft den ganzen Tag und die Nacht dazu. Als am nächsten Morgen der Meister zur Schmiede kommt, kann ihm Gerhard die fertige, wohlgelungene Klinge übergeben. Wie eine Gerte lässt sie sich federnd biegen, scharf und hart sind die Schneiden. „Das ist fürwahr ein Meisterstück, wie es niemand besser machen könnte. Deine Kunstfertigkeit wird dir, doch auch unserem Schwertschmiedehandwerk Ruhm und Gewinn einbringen. Gerne gebe ich dir nun Hildegundis zur Frau." – Dem Paar wurden drei Söhne geschenkt, und alle drei erlernten das Klingenschmiedehandwerk. Nachdem sie ihre Lehrjahre hinter sich gebracht hatten, weihte sie der Vater in das große Geheimnis ein. So vererbte es sich weiter von den Vätern auf die Söhne bis in die heutige Zeit.

(Verkürzt wiedergegeben nach Rudolf Picard und Hans Brongs in *Bergische Heimatgeschichten.*)

Bestecke und Tischmanieren

Wie gesagt stellt das Klingenmuseum nicht nur Kampfwerkzeuge aus. Großen Raum finden in ihm auch metallene Geräte unserer Alltagskultur wie Scheren, Rasiermesser und Essbestecke.

Kinder werden ihre Freude haben, zu hören, dass es auch früheren Generationen nicht leicht fiel, stilvoll mit Messer und Gabel zu essen, ja, dass es aus Ungeschicklichkeit zu regelrechten Gesichtsverletzungen dabei kam. Wie so vieles Selbstverständliche unserer Tage waren Tischsitten und die dazugehörigen Werkzeuge den „feinen Herrschaften" vorbehalten. Das „gemeine Volk" aß meist mit den Fingern, und zur Suppe genügte ein Holzlöffel. Metallbestecke waren etwas für die Tafel bei Hof.

▲ Rüstung und Schwert waren lebenswichtig für einen Ritter.

Familientipp: Bestecke sind für Kinder eine eher abstrakte Angelegenheit. Es wird sie ermüden, brav von Vitrine zu Vitrine mitzuziehen. Dieser Bereich lebt von Erzählungen um Tischsitten und Esskulturen. An Hand derer sollte man sich einige Schauobjekte herauspicken. Einige schöne Beispiele sind in einem Begleitheft (siehe Literaturangabe) aufgeführt. Etwa zum Thema „Tischsitten": „Wirf keine Abfälle unter den Tisch. Schneuz dich nicht so laut, und wenn du dich schneuzen musst, dann tu es nicht mit der Hand, die das Fleisch anfasst. Säubere deine Zähne nicht mit der Messerspitze ..."

Auch die Führung durch die Waffensammlung sollte von Erzählungen und historisch relativierenden Einordnungen begleitet werden. Bloßes Waffenschauen könnte auch einen verherrlichenden Kick auslösen. Die – redlicherweise nicht verschwiegene – Abteilung „Nazis und die Faszination der Blankwaffen" ist dafür ein Beispiel. Die Nutzung der museumspädagogischen Dienste wird bestens empfohlen. Auch Erwachsene werden davon profitieren.

Historisches Gräfrath und Tierpark Fauna

EXTRAS

Ein Besuch im Deutschen Klingenmuseum Solingen-Gräfrath kann abgerundet werden mit einem Bummel durch den schmucken historischen Stadtkern Gräfraths. Seine Schieferhäuser in Hanglage sind klassische Fotomotive unzähliger Kalender und Bücher über das Bergische Land. Fünf Autominuten entfernt vom Museum liegt der kleine, landschaftlich hübsch eingebettete Tierpark „Fauna", der zu Picknick, Tierbeobachtung und mit seinem Spielplatz zum großmotorischen Ausklang eines Gräfrath-Ausflugs einlädt.

Starke Frauen und fleißige Zwerge

Solinger Kotten

Solingen ist die Stadt der Klingen. Schmiede gründeten ihren Weltruhm mit der hervorragenden Schwertherstellung. Mit dem Ende der Ritterzeit waren Schwerter seltener gefragt, und die Schmiede verlagerten ihre Produktion auf Gebrauchsgegenstände wie Scheren, Rasierklingen, Messer und Bestecke. Die Stadt wurde eine Hochburg für Schneidwaren aller Art. „Made in Solingen“ gibt es heute auf allen Kontinenten zu kaufen.

Leben im Kotten

Einst wurden die Klingen ausschließlich in Heimarbeit hergestellt. Entlang der zahlreichen Bäche und vor allem entlang der Wupper führten viele Klingenschmiede, Messer- und Scherenschleifer selbstständige, kleine Familienbetriebe. Noch waren sie nicht Lohnarbeiter einer Fabrik, wie sie das während der letzten hundert Jahre mehr und mehr wurden. Arbeitsstätte und Wohnraum lagen beieinander. Man lebte im „Kotten“.

Während die Männer vorm Schleifstein saßen, übernahmen die Frauen den Transport der Ware. Sie trugen die Körbe voll mit Rohmaterial oder fertig geschliffenen Klingen zum nächsten Handwerkerbetrieb. Denn eine Schneidwarenherstellung geschah in Arbeitsteilung: Einer schmiedete, einer besorgte den Grobschliff, einer den Feinschliff („Pliesten“), einer polierte, einer härtete, schließlich setzte einer Messergriffe drauf („Reider“) oder schraubte Scherenteile zusammen. Da die Arbeitsgänge verschiedene Werkzeuge verlangten, spezialisierte man sich.

▲ Handarbeit am Schleifstein

Starke Frauen

Mehrmals in der Woche zogen die „Liewerfrauen met de Liewermang voll Krom om Kopp“ los. So heißt das in bergischer Mundart. Damit ist gemeint, dass die Lieferfrauen ihre schwere Last (15–25 kg Metall lagen im Korb) auf dem Kopf zur nächsten Werkstatt oder zu einem Händler („Verleger“) trugen. Wege von 1 bis 3 Stunden Fußmarsch waren an der Tagesordnung.

Warum sie für ihre Last keine Handwagen benutzten? Das werden wir am besten verstehen, wenn wir uns mal selbst auf den Weg von einem Kotten zum anderen begeben. Wer Kondition hat, kann auf dem so genannten Solinger Klingenpfad, einem gut beschilderten Wanderweg rund um Solingen, das ca. 10 km lange Teilstück von Balkhausen nach Wipperaue gehen und die beiden wohl schönsten und besterhaltensten Kotten besuchen. Beachtliche Höhenunterschiede und Engpässe sind zu überwinden. Heute gibt es auch ausgebaute Wege, die in Ufernähe zwischen den Kotten herführen. Auf dem Fahrrad sind sie mit Kindern in zwei Stunden ohne Hetze zu schaffen. Selbst wer mit dem Auto die beiden Kotten ansteuert, wird bei der serpentinenartigen Wegführung Respekt vor den Leistungen der „Liewerfrauen" – und ihren mithelfenden Kindern – bekommen. Im Solinger Einkaufszentrum ist ihnen übrigens ein Denkmal gesetzt.

Der Balkhausener Kotten

Abseits der Besiedlung Balkhausen, zwischen Straße und Fluss, steht einer der ältesten Solinger Schleifkotten. Vom satten Grün der Wupperwiese hebt sich das Weiß des breiten Fachwerkbaus leuchtend ab. Dieses mehrfach von Brand und Hochwasser zerstörte Anwesen wurde 1972 als „Arbeitsdenkmal" restauriert und der Öffentlichkeit als Schleifermuseum zugänglich gemacht. Imponierend ist der Anblick des gewaltigen Wasserrads mit seinen zahlreichen Übersetzungen auf Schleifsteine und Bänder im Innern der Werkstatt. Nach Vereinbarung führt ein Schleifer die alten

▶ Der Doppelkotten in der Wipperaue

▲
Das Wasserrad bringt den mächtigen Zahnkranz in Schwung.

Techniken vor. Deutlich wird die Nachbarschaft von Arbeits- und Wohnraum. Im Letztgenannten hat ein Designer mit Werkstatt und Atelier Einzug gehalten.

Das Wiesenland um den Kotten wurde früher dringend für den Lebensunterhalt benötigt. Denn die Schleiferfamilien waren ernährungsmäßig weitgehend Selbstversorger: „Zu einem Schleifkotten gehörten gewöhnlich ein paar Ziegen und ein Stück Ackerland, das von den Frauen der Familie und bei Wasser- oder Auftragsmangel auch von den Schleifern selbst bestellt wurde. Die Schleifer in den Wupperkotten konnten neben einer kleinen Landwirtschaft auch noch Fischfang betreiben. In den Obergräben oder an geeigneten Stellen des Hauptstaus legten die Schleifer sog. Selbstfänge (Kasten mit Lattenboden, durch den das Wasser hindurchfloss, während die Fische auf dem Lattenrost hängenblieben) für den Talfang aus. Die landwirtschaftliche Selbstversorgung war eine Grundlage für die Unabhängigkeit der Handwerker“ (aus: *Auf den Spuren der Solinger Schleifer, Historische Touren durch Solingen-Widdert*).

Gut 8 km flussabwärts, an der Grenze zu Leichlingen, liegt eine weitere von ehemals 26 Schleiferwerkstätten.

Der Wipperkotten

Fotos dieser Doppelkottenanlage mit dem Stauwehr im Hintergrund gehören zur touristischen Schokoladenseite Solingens. Dass diese nicht mehr durch einen ätzenden Gestank des Wupperwassers vergällt wird, ist zu einem guten Teil den Menschen zu danken, die sich hier niedergelassen haben. Der Wipperkotten ist nämlich nicht nur Adresse eines Künstlerateliers und einer Schleiferei, sondern auch die der „Notgemeinschaft Abwassergeschädigter bergischer Bäche und der unteren Wupper, NAG“. Diese Initiative hat zwar noch nicht alle ihrer Umweltschutzziele erreicht. Doch wer aus den 1960er Jahren noch den süßlich-stechenden Chemiegestank in der Nase und die Schaumkronen auf dem Wasser vor Augen hat, der preist die Wupper heute geradezu als ein Naturparadies.

Starker Fluss

Das Wasser hat in der Wipperaue die Kraft, gleich zwei Kotten zu bedienen. Mit einem Stauwehr oberhalb der Häuser wurde allerdings nachgeholfen. Von dort führt ein Graben Wasser ab. Durch den Stau wurde dessen Gefälledruck künstlich erhöht. Er reicht aus, um die riesigen Schaufelräder zwischen den beiden Kotten zu bedienen, in diesem Fall „unterschlächtig“, also durch Wasserschlag gegen die Unterseite der Räder.

Der Künstler, der heute den Innenkotten dieser rund 400 Jahre alten Anlage bewohnt, ist übrigens der Initiator der NAG. Neben seinem Atelier hat er eine Sammlung urgeschichtlicher Schneidwerkzeuge und Erzfunde zusammengetragen. Der Außenkotten beherbergt noch eine voll intakte Schleiferei. Trotz ihres Museumscharakters ist sie eine lebendige Werkstatt Solinger Heimarbeiter.

Die hohe Kunst eines Handwerkerstands hat immer schon zu Spekulationen geführt, ob da nicht andere Mächte im Bunde waren. Sagenhafte Leistungen lassen sagenhafte Geschichten bald folgen. Über die Schmiede an der Wupper ist folgendes überliefert (wiedergegeben nach Rudolf Picard und Hans Brangs: *Bergische Heimatgeschichte*, im Original: Die Zwerge zu Müngsten).

Sage vom Zwergenjunkerlein

Einst kam um die mitternächtliche Stunde ein Hammerschmied in angeheitertem Zustande des Weges. In der Gegend der schroffen Felsen vernahm er ein helles Lachen und Jauchzen. Verwundert blieb er stehen und gewahrte im schimmernden Mondlicht eine Gruppe von Zwergen, die zwischen Felsen und Baumstämmen ihr neckisches Spiel trieben. Einige warfen ihre langen Zipfelmützen in die Luft und jubelten laut, wenn es ihnen gelang, sie mit einem silbernen Stäbchen wieder aufzufangen. Plötzlich aber schlug die übermütige Freude in lautes Wehklagen um. Einem etwas ungeschickten Zwerglein war die Mütze in die rauschenden Fluten der Wupper hinabgefallen.

Eilig stürzten alle Männchen zum Ufer und beobachteten mit Entsetzen, wie das Kleinod von den Wellen weggerissen wurde. Unsern gutherzigen Hammerschied erfasste ein rechtes Mitleid. Er trat in den Kreis der Zwerge, die ob seines Anblicks erschraken, jedoch sich schnell beruhigten, als er erklärte, ihr Helfer sein zu wollen. Er watete in die Wupper hinein und holte unter allgemeinem Jubel der kleinen Zuschauer die Zipfelmütze aus dem Wasser hervor und überreichte sie dem überglücklichen Zwerg.
Der Schmied eilte nach Hause, stellte, weil er in der frühesten Stunde des nächsten Tages an die dringliche Arbeit gehen wollte, das Roheisen an den Amboss und legte sich zur Ruhe. Wie groß aber war sein Erstaunen, als er am nächsten Morgen anstatt des Roheisens den blanksten, schönsten Stahl vorfand. Das Wunder wiederholte sich in den folgenden Nächten, und aus dem armen Hammerschmied wurde bald ein wohlhabender Mann. Allein die Neugierde quälte ihn immer wieder, dem Geheimnis auf die Spur zu kommen. Er versteckte sich deshalb an einem Abend hinter dem Blasebalg. Bald hörte er ein zartes Geräusch an der Tür, und herein huschte im hellen Schein eines silbernen Laternchens der ihm bekannte Zwerg. Der Hammerschmied musste an sich halten, um nicht bei den drolligen Bewegungen des mit der Zipfelmütze geschmückten Männchens in lautes Lachen auszuplatzen. Jetzt holte der kleine Schmied ein silbernes Hämmerchen aus seinem Schurzfell und begann mit kaum hörbaren Schlägen seine Arbeit. Aber das Eisen dehnte sich wie Wachs, und nach einigen Stunden stand der Stahl fertig da. Mit einem übermütigen Sprung verschwand der kleine Helfer in der Nacht.
Der Hammerschmied fühlte sich ein wenig beschämt und nahm sich vor, in seiner Dankbarkeit nicht hinter dem treuen Zwerg zurückzubleiben. Von dem geschicktesten Schneider des Landes ließ er ein rotes, goldgesticktes Wämslein anfertigen. Das legte er am Abend sorgfältig verpackt auf den Stapel Eisen.
Wieder erschien das Männlein, öffnete behutsam das Päckchen, und sein Auge leuchtete vor Freude beim Anblick des glänzenden Kleides. Schnell zog der Zwerg sein graues Nebelmäntelchen aus und vertauschte es mit dem neuen Gewand. Es gefiel ihm so gut, dass er ausrief: „Was braucht ein Junker länger zu schmieden, wenn er ein rotes Wämslein hat!“

Seit dieser Zeit ward der Zwerg nicht mehr gesehen, und der Hammerschmied musste wieder alle Arbeit allein verrichten.

Erze, Holz und Wasser – Voraussetzungen zum Erfolg

EXTRA

Im Bodensatz einer Sage liegt immer ein Stück Wirklichkeit. Die Fantasie vom Zwergenvolk nennt als realistischen Hintergrund die tatsächlichen Voraussetzungen, die Solingen zur Stadt der Schneidwaren werden ließen. Neben dem Fleiß der Handwerker mussten drei Naturgegebenheiten vorhanden sein: Eisenerze, Holz und Wasser. Erze als Boden- bzw. Bergwerksschätze gab es im Bergischen und umliegenden Land reichlich. Und wenn von Bergwerken und vom Schaffen unter der Erde die Rede ist, tauchen in Geschichten rasch Zwerge auf, kleine Männchen, die durch Bergspalten, Schächte und Stollen schlüpfen.
Holz zum Entfachen der heißen Schmiedefeuer lieferten die umliegenden Wälder. Und Wasserläufe sind in regenreichen Gebieten, wie es das Bergische Land ist, ohnehin zahlreich anzutreffen. Bäche und Flüsse mussten nämlich die Räder antreiben, ohne deren Bewegung die Schleifsteine im Kotten sich nicht gedreht hätten.

Wasserkraft – Energiequelle im Bergischen Land

Eine Fabrik als Museum

Gesenkschmiede Hendrichs – Rheinisches Industriemuseum

Mit der Erfindung der Dampfmaschine (um 1765 durch James Watt), später durch den Einsatz von Elektromotoren, wurden die Klingenschmiede vom Wasser unabhängig. Nun konnten Schleifereien, Schmieden und Hammerwerke auch „oben“ in der Stadt eingerichtet werden.

Eine Fabrik wurde zum Mitmach-Museum.

Eine solche „Gesenkschmiede“ wollen wir abseits des Wuppertals besuchen. Auf den Höhen, zwischen dem Stadtteil Ohligs und der Solinger City, existierte die Gesenkschmiede der Brüder Hendrichs genau 100 Jahre lang als großer Handwerksbetrieb. 1986 wurde er „von heute auf morgen“ zum Museum, mit allem was an Gerät und Material vorhanden war. Hier riecht es nicht nur so, als würde noch echt gearbeitet, hier arbeiten vielfach auch noch die selben Mitarbeiter wie früher. Nur produzieren sie jetzt nicht mehr für den Weltmarkt, sondern für Besucher des „Rheinischen Industriemuseums“.

Aus der ehemals privaten Gesenkschmiede der Familie Hendrichs wurde ein lebendiges Mitmach-Museum, dessen Programm gerade auch auf Kindergruppen ausgerichtet ist. Die Besucher erleben nicht nur, wie die Rohlinge für Scheren hergestellt werden, sie dürfen auch selbst mitproduzieren. An Schraubstöcken werden Schlüssel gefeilt und mit Hilfe eines Fallhammers darf man Scherenrohlinge ausstanzen und sie sogar mit nach Hause nehmen. Natürlich arbeiten die Kinder nicht mit glühendem Eisen. Eine Knetmasse ersetzt es. Doch stets werden die Arbeitsvorgänge deutlich, vor allem die Möglichkeit zur Massenproduktion, die mit den Maschinen Einzug hielt. Anfangs diente eine Dampfmaschine als Antrieb des Hammers, später setzten Dieselmotoren ihn in Gang. Alles ist noch im Originalzustand auf dem großen Gelände zu besichtigen. Diese Ausmaße und die Demonstration eines einzigen krachenden Hammerschlags machen klar, warum solche Fabriken – 40 Mitarbeiter waren hier einst tätig – in Wohngebieten nicht mehr zumutbar sind. Machten die Hammerwerke vor hundert Jahren viele Handschmiede arbeitslos, so werden in unserer Zeit die Fabriken durch Umweltauflagen und technische Modernisierungen aus der Stadt verdrängt.

Nostalgie und Indoor-Event

Familienparadies Ittertal

Dieser Ausflug-Tipp ist nichts für Ästheten. Vielleicht etwas für Nostalgiker. Jedenfalls ist manches ganz schön kitschig – aber prima für Kinder! Vor allem Vorschulkinder werden ihre Freude haben – und ihre Eltern. Denn die müssen nicht jeden Schritt ihres Nachwuchses beaufsichtigen. Gefahren drohen hier kaum. Die Aktivitäten sind recht harmlos, aber ausreichend und nett: Hüpfen, Klettern, Springen, Fahren, Tiere streicheln. Und weil alles im Eintrittspreis inbegriffen ist, gibt es keine Konflikte „Mama, darf ich noch mal?"

Ittertal heißt das Ziel. Manche Großeltern kennen das noch aus der Zeit, als sie selbst Kind waren. „Märchenwald" hieß es damals. Den gibt es immer noch, ebenso wie das alte Wasser-Karussel. Seit 1912 dreht es sich mit nostalgischem Charme über dem von der Itter gespeisten künstlichen See. Generationen von Kindern vermittelte es die Urerfahrung eines Karusselerlebnisses.

Märchenwald und Streichelzoo

Der Märchenwald? Na ja, da guckt man besser nicht so genau hin. Halten wir den Betreibern zugute, dass Ersatzfiguren herhalten müssen, nachdem die historischen Opfer von Vandalismus wurden. Was im Kapitel Odenthal pädagogisch kritisch zum „Märchenwald Altenberg" gesagt wurde, darf hier verschärft herangezogen werden. Neben einigen Grimmschen Märchen werden als eine Ittertaler Besonderheit Szenen mit ausgestopften Tieren dargestellt: die Hasenschule, die Waldhochzeit, Hasen und Hunde beim Arzt, beim Kegeln – und was die 1930er Jahre Idylle sonst noch hergibt.

Der Freizeitpark präsentiert auch lebendige Tiere. In einer Streichelzoo-Ecke gibt es Kleintiere zum Anfassen. Das ist alles recht simpel, doch offenbar eine Gelegenheit für Großstadtkinder basale Erfahrungen mit Lebewesen zu machen, die früheren Generationen selbstverständliche Alltagsbegleiter waren. Natürlich gibt es auch Anlässe und Geräte für großmotorische Bewegungsspiele: pfiffige Schaukeln, Miniscooter oder eine Trampolinanlage. Und wenn's regnet? Dann wird in der Halle gespielt. Die Betreiber rühmen sich, die „größte Indoor-Spielanlage Deutschlands" anzubieten. Nicht schlecht, was aus dem einstigen Kaffee- und Kuchenlokal gemacht wurde: eine große, überdachte Kletter- und Rutschlandschaft. Imbisse gibt es für Ausflügler nach wie vor. Schlicht im Angebot und fair im Preis können Familien sich bedienen.

Was es sonst noch gibt

in Solingen

Solinger Klingenpfad

Ein Wanderweg, der 75 km rund um Solingen führt. Die meisten touristischen Höhepunkte der Klingenstadt liegen an seinem Wegesrand. In überschaubaren Etappen ist er auch für Gruppen mit Kindern unbedingt ein Tipp. Für den strammen Wanderer ist er ein Muss. Die Stadtinformation Solingen gibt einen anschaulichen Faltplan über den Klingenpfad heraus, der gleich Etappenvorschläge mitliefert.

Sengbach-Talsperre

Eine der ältesten Talsperren Deutschlands liegt im Stadtteil Höhrath und ist immer noch als Wasserspender für die Großstadt und umliegende Gebiete in Betrieb.

Die Sengbachtalsperre hat seit der Fertigstellung im Jahr 1903 immer größere Bedeutung erlangt: als Lieferant des wichtigsten aller Lebensmittel und als Erholungsgebiet. Rund 12 km² umfasst die „grüne Lunge" im waldreichen Dreieck zwischen Solingen, Witzhelden und Wermelskirchen. Drumherum erstreckt sich ein attraktives Wandergebiet.

Für Kinder ist ein Gang über die mächtige Sperrmauer aus Bruchsteinen besonders reizvoll. Ansonsten ist der unmittelbare Uferbereich aus Gründen des Wasserschutzes für Besucher gesperrt.

Vogel- und Tierpark Solingen-Ohligs
Museum Baden
Sternwarte
Laurel & Hardy Museum
Musikschule der Stadt Solingen

Streicheln erlaubt

Alle Infos über die Verkehrsämter ab S. 152

Wer erobert die Burg?

Rund um Schloss Burg

Schloss Burg www.schlossburg.de
Schlossplatz 2 / 42659 Solingen / Tel. 0212-242 26 26
Außenanlagen immer zugänglich, Innenbesichtigung mit Bergischem Museum:
Öffnungszeiten: Di-So 10-18 Uhr, Mo 13-18 Uhr
November-Ende Februar: Di-Fr 10-16 Uhr, Sa, So 10-17 Uhr, Mo geschlossen
Vor den Sommerferien im Mai sind Gruppenbesichtigungen von Schloss Burg und im Bergischen Museum nur nach Voranmeldung mit Führung möglich (nur 4 Führungen stündlich gleichzeitig), Mo-Fr 9-14 Uhr, Tel. 0212-242 26 26 / Fax 0212-242 2640
Eintritt: Erwachsene 3,50 Euro; Kinder 2,- Euro, Familien 10,- Euro
Seilbahn-Burg: verbindet die Unterstadt zu Füßen des Schlossbergs mit Oberburg und dem Schloss. Täglich 10-18 Uhr, im Winter bis Einbruch der Dunkelheit, Dezember geschlossen

Stadt der Schwerter und Klingen

Deutsches Klingenmuseum Solingen

Deutsches Klingenmuseum
Klosterhof 4 / 42653 Solingen-Gräfrat
Tel. 0212-25 83 60 oder 258 36 10 für Termine / Fax 0212-258 36 30
Öffnungszeiten: Di-So 10-17 Uhr, Fr 14-17 Uhr, Mo geschlossen
Exkursionen: für Kinder ab 10-14 Jahren, z. B. die Fahrradexkursion „Auf den Spuren Solinger Schleifer", Informationen bei Rheinisches Industriemuseum, Tel. 0212-23 24 10

Tierpark Fauna
Lützowstraße 347 / 42653 Solingen-Gräfrath / Tel. 0212-59 12 56
Öffnungszeiten: Sommer Mo-Sa 9-18 Uhr, So 9-19 Uhr, Winter täglich 9-17 Uhr
Eintritt: Erwachsene 3,50 Euro, Kinder 2,- Euro, Gruppen ab 10 Personen: Erwachsene 3,- Euro, Kinder 1,50 Euro, Einzeljahreskarte 20,- Euro, Familienjahreskarte 35,- Euro
Tierparkschule: Führungen (bis zu 60 Min.) 13,- Euro
Führungen/Unterricht mit Schulraumbenutzung 20,- Euro

Starke Frauen und fleißige Zwerge

Solinger Kotten

Balkhauser Kotten
Balkhauser Weg / 42659 Solingen / Tel. 0212-452 36 / Fax 0212-492 41
Öffnungszeiten: Museum: Di-So 10-17 Uhr, Kottenstube: Sa, So 11-16 Uhr und n.V.
Führungen nach Absprache
Eintritt: frei

Wipperkotten
Solingen-Wipperaue / 42604 Solingen
Öffnungs- und Betriebszeiten:
Außenkotten: Mo-Fr 10-12 Uhr, 14-16.30 Uhr / Sommer 1. und 3. So 14-16 Uhr
Führungen nach Absprache, auch für Gruppen und Schulklassen:
Herbert Loos: Tel. 0212-81 12 20 / Reiner Schneeloch: Tel. 0212-247 39 58
Innenkotten: Sa, So 10-18 Uhr, Führung nach Absprache, Tel. 0212-80 03 05
Eintritt: Erwachsene 1,- Euro / Kinder bis 12 Jahre frei
Gruppenführung ab 10 Personen 15,- Euro

▸ Eine Fabrik als Museum
Gesenkschmiede Hendrichs – Rheinisches Industriemuseum

Gesenkschmiede Hendrichs
Merscheider Straße 289-297 / 42600 Solingen / Tel. 0212-23 24 10
Öffnungszeiten:
Museum: Di-So 10-17 Uhr, Hammerbetrieb: Di-Sa 10-12 Uhr, 14-16 Uhr
Eintritt: Erwachsene 3,- Euro, Kinder ab 6 Jahren 2,- Euro, ab 10 Personen 2,50 Euro

▸ Nostalgie und Indoor-Event
Familienparadies Ittertal

Familienparadies Ittertal www.ittertal.com
Ittertalstraße 50 / 42719 Solingen / Info: 0172-2176284
Öffnungszeiten: täglich 10-18 Uhr
Eintritt: 5,- Euro, inkl. Karussels und Spielangebote, frei für Kinder unter 1 Jahr

● Was es sonst noch gibt in Solingen

Vogel- und Tierpark Solingen-Ohligs
Hermann-Löns-Weg 71 / 42697 Solingen / Tel. 0212-759 36
Öffnungszeiten: Mo-Sa 9-18 Uhr, So 9-19 Uhr
Eintritt: Erwachsene, Kinder ab 14 Jahre 3,- Euro, Kinder ab 2 Jahren 2,- Euro
Gruppen ab 15 Personen: Erwachsene 2,50 Euro, Kinder 1,50 Euro, Familienjahreskarte 40,- Euro

Museum Baden
Wuppertaler Straße 160 / 42653 Solingen-Gräfrath / Tel. 0212-258 14 11
Öffnungszeiten: Di-Fr 10-17 Uhr, Schulklassen n. V. ab 8 Uhr früh

Sternwarte
Sternstraße 5 / 42705 Solingen-Wald / Tel. 0212-33 55 55
Veranstaltungen: Fr, Sa 20 Uhr und n. V., Sternführungen und Himmelsbeobachtungen bei klarem Himmel anschließend, spezielle Programme für Kinder während der Schulferien

Laurel & Hardy-Museum
Locherstraße 17 / Solingen-Mitte / Wolfgang Günther: Tel. 0212-81 61 09
Öffnungszeiten: letztes Wochenende im Monat Sa 12-17 Uhr, So 11-17 Uhr

Musikschule Solingen
Kronprinzenstraße 25 / 42655 Solingen
Tel. 0212-290 24 45 / -24 46 / Fax 0212-290 24 64

3. Remscheid

Remscheid – hier ein Blick in die Straßen von Lennep – ist bekannt für sein Röntgenmuseum

Ausflug zur Milchstraße

Der Astronomische Verein und die Sternwarte

Und hoch droben blinken nachts die Sterne.

In den Städten ist es auch nachts so hell, dass die Himmelskörper keine rechte Strahlkraft entwickeln. Wir sehen deshalb nur eine begrenzte Zahl von Sternen. Und deshalb lädt der Astronomische Verein in Remscheid bisweilen zu „Sternwanderungen“ an den Stadtrand ein. Und dort, nicht einmal 1 km von der City entfernt, eröffnen sich ganz andere Ausblicke. Mit etwas Glück können wir, sobald sich die Augen an das Dunkel gewöhnt haben, sogar die Milchstraße erkennen. Die ehrenamtlichen Helfer des Vereins bauen auf einer Wiese Ferngläser auf und erklären den Gästen, was im Blickfeld liegt, wenn man hindurchschaut. Manche Objekte lassen sich auch mit bloßem Auge ausmachen. Das können die Monde des Jupiter sein, der Saturn mit seinen Ringen oder Gasnebel. An diesen „Sternwanderungen“, die einmal im Monat um den Neumond herum stattfinden, nehmen gerne Familien mit Kindern teil.

Darüber hinaus bietet der Verein auch Führungen auf der Dr. Hans-Schäfer-Sternwarte am Stadtpark in Remscheid an. Die Fachleute gehen nach vorheriger Anmeldung gerne und bereitwillig auf besondere Wünsche von Schulklassen oder Jugendgruppen ein.

Bei gutem Wetter, also klarem Himmel, ist die Sternwarte mittwochs von 19.30 Uhr an (außer in den Schulferien) auch für spontane Besuche geöffnet. Da kann man dann nicht nur den Mond und Galaxien am Himmel ausfindig machen, sondern auch viele Fragen stellen, die ruhig schlicht sein dürfen. Hier erfahren wir sogar, dass es sich in der Regel nicht lohnt, für den Jüngsten ein Fernrohr zu kaufen. Denn wirklich leistungsfähige Geräte gibt es nicht unter fünfhundert Euro. Ein guter Feldstecher tut es auch. Und der ist erheblich billiger.

Sonntags, 14–16 Uhr, lädt der Astronomische Verein – ebenfalls nur bei „offenem Himmel“ – zur Sonnenbeobachtung ein. Die sei zur Zeit besonders interessant, erklärt Bernd Reiner Ebel vom Vorstand. Denn wir

Sternengucker unterwegs

können eine große und künftig noch zunehmende Zahl von Sonnenflecken entdecken. Das sind vergleichsweise „alte“ Stellen auf der 6 000 Grad heißen Sonne. Sie haben eine Temperatur von „nur“ rund 4 500 Grad Celsius. Spezielle Filter machen es sogar möglich, Gasausbrüche zu sehen, die so groß sind wie die Erde.

Der Aufstieg auf den Bismarckturm, der die Sternwarte birgt, lohnt sich übrigens allemal. Denn von hier kann man aus etwa 20 m Höhe nicht nur in den Himmel blicken, sondern auch weit ins Land – bis zum Kölner Dom, ins Siebengebirge und in die Eifel. Allerdings müssen in jedem Fall zuvor 130 Stufen zurückgelegt werden.

Ein See voller Trinkwasser

Die Eschbachtalsperre

Kaum vorstellbar, dass in einer Region, in der es so viel regnet, das Wasser knapp werden könnte. Und doch ist es so. Warum, erklärt Harry Böseke in seinem Tourenbuch *Das Bergische Land*: Kies- und Schotterschichten, die das Grundwasser speichern, fehlen hier, daher fließe das Nass oberirdisch ab. Nachdem die Bewohner zuvor mit dem vorhandenen Wasser gut ausgekommen waren, wurde es in Remscheid während der zweiten Hälfte des 19. Jahrhunderts knapp. Denn die Bevölkerung wuchs rasch, zahlreiche Fabriken der Eisenindustrie sind auf Wasser angewiesen. So planten Unternehmer bereits im Jahr 1847, große Sammelteiche in den „oberen Teilen der Täler“ anzulegen. Sie fassten dafür das Eschbachtal ins Auge. Doch die Wogen der Empörung schlugen hoch. Bewohner fürchteten, Fluten würden bei einem Dammbruch das darunter liegende Gelände verwüsten. Also wurden zunächst einmal kleinere Teiche zum Betrieb der Hammerwerke angelegt. Erst vierzig Jahre später wurden neue

Talsperren-Pläne gemacht. Der Aachener Professor Otto Intze kam zu dem Ergebnis, dass man Talsperren bauen könne, um Trinkwasser zu speichern. Am 4. Mai 1889 wurde mit dem Bau der Staumauer und damit der Anlage der ersten Trinkwassertalsperre Deutschlands begonnen. Die Mauer, standfest infolge ihres großen Gewichtes, besteht aus Grauwacke. Das Bauwerk war 1891 fertig. Nachdem es mit mehr als 1 Mio. m³ Wasser gefüllt worden war, konnte die Talsperre 1892 in Betrieb genommen werden.

Wenig später, 1897, besuchte Prinz Friedrich Leopold von Preußen das Wunderwerk, und zwei Jahre später fand auch Kaiser Wilhelm II. lobende Worte für die Großtat. Und Professor Intze hatte fortan viel zu tun. Nach dem Vorbild seines Projektes sind viele Talsperren entstanden, die nicht nur Trinkwasser liefern, sondern auch dem Hochwasserschutz, der Energieversorgung oder der Erholung dienen.

Rund um die Eschbachtalsperre, deren Staumauer von 1991 bis 1994 saniert wurde, ist ein Wanderweg angelegt und um einen Waldlehrpfad erweitert worden. Er beginnt am Parkplatz des Autobahnmotels Remscheid oberhalb der Tankstelle. Von da aus erreichen wir auch das „Steinerne Kreuz“, um das sich eine Sage rankt.

Die Eschbachtalsperre war ein technisches Wunderwerk.

Otto Schell schreibt in Bergische Sagen:

Vor Zeiten wurde an diesem Platz ein Bote erschlagen und ausgeraubt. Sterbend rief er seinen Mördern zu, der Himmel werde ihn durch Vögeln rächen, welche gerade über sie hinflogen. Nach vollbrachter That zogen die Mörder nach dem Borg (Bergisch-Born) und kehrten in einem dortigen Wirtshaus ein. Hier ließen sie es sich wohl schmecken, und bald standen Krammetsvögel vor ihnen. Da bemerkte der eine, diese würden sie gewiß nicht verraten. Aber der Wirt hatte diese Worte vernommen. Er sandte zum Gericht, und bald saßen die Beiden im Kerker. So entgingen sie ihrer gerechten Strafe nicht.

(zitiert nach *Historische Schauplätze in Wuppertal, Solingen und Remscheid*, Hrsg. von Klaus Goebel).

Das Steinerne Kreuz ist 177 cm hoch und besteht aus Trachyt. Wegen seiner Größe – der Transport muss mühselig gewesen sein – wird angenommen, dass es nicht dem Andenken eines armen kleinen Boten gewidmet sein kann. Manche halten das Mahnmal für ein Sühnekreuz, errichtet aufgrund eines Sühnevertrages mit der Sippe des Getöteten.

Talsperren

Extras

An Talsperren wimmelt es im Bergischen und Oberberischen geradezu. Beispielhaft genannt seien die Bever-Talsperre in Hückeswagen (mit Rundwanderweg, allen Wassersportarten außer Motorsport und einem Campingplatz), die Neye-Talsperre und die Schevelinger-Talsperre. Eine schöne Wanderung zu diesen drei Stauseen beschreiben Heidi und Harry Böseke in ihrem Buch *Das Bergische Land*.

Weiter gibt es

- die **Aggertalsperre** in Gummersbach mit Rundwanderweg und Gelegenheit zum Segeln, Rudern, mit Bootsverleih, Naturfreibad und Campingplatz
- die **Wuppertalsperre** in Hückeswagen/Radevormwald mit Wander und Radwanderwegen, allen Wassersportarten, Kanu-Verleih und Camping
- die **Bruchertalsperre** in Marienheide mit Rundwanderweg, allen Wassersportarten außer Motorsport und Campingplatz
- die **Lingesetalsperre** in Marienheide mit Rundwanderweg, allen Wassersportarten außer Motorsport und Campingplatz.

Reine Trinkwassertalsperren sind

- die **Wiehltalsperre** in Reichshof mit Wanderwegen
- die **Neyetalsperre** in Wipperfürth mit Rundwanderweg
- die **Schevelinger Talsperre** in Wipperführt mit Rundwanderweg
- die **Genkeltalsperre** in Gummersbach, ebenfalls mit Rundwanderweg.

Der gläserne Mensch

Das Röntgenmuseum in Lennep

▲ Die durchsichtige Frau

Wilhelm Conrad Röntgen ist einer jener Wissenschaftler, die in der Schule nicht so gut zurechtgekommen sind und doch später durch bahnbrechende Arbeiten weltberühmt wurden. 1901 erhielt er den Nobelpreis für Physik, den ersten Nobelpreis überhaupt. Dabei hatte Röntgen kein Abitur machen können, weil er trotz guter Zeugnisse aufgrund eines Irrtums von der Schule flog.

Und das kam so: Ein Mitschüler hatte eine Karikatur von einem Lehrer gezeichnet. Röntgen wurde dabei erwischt, wie er sich ganz versunken das Kunstwerk anschaute, und deshalb wurde er für den Übeltäter gehalten. Er wollte seinen Klassenkameraden nicht verraten und musste die Schule verlassen. Schließlich durfte er doch noch studieren. 1895 entdeckte er jene bis dahin unbekannten Strahlen, die dann nach ihm benannt worden sind: Die Röntgenstrahlen, mit deren Hilfe Ärzte z. B. den Verlauf eines Knochenbruchs eindeutig feststellen können. Das Deutsche Röntgenmuseum, das heute zu Remscheid gehört, pflegt das Andenken an den großen Sohn Lenneps. Es bemüht sich aber auch, das Thema „Röntgenstrahlen" und weitere Bereiche der Physik so darzustellen, dass sie von möglichst vielen Laien verstanden werden.

Welche Möglichkeiten die Röntgendiagnostik bietet, macht die „gläserne Frau" deutlich: Krankhafte Veränderungen an Organen können beim „Durchleuchten" erkannt werden. Wir bekommen aber auch anhand

▼ Wilhelm Conrad Röntgen und sein Geburtshaus

von Geräten einen Einblick in die Röntgentherapie: Denn diese Strahlen werden auch dazu verwandt, Krebszellen zu zerstören. Dies wiederum macht deutlich, dass man mit dieser hochwirksamen Strahlung sehr sorgfältig umgehen muss, um Schäden an gesundem Gewebe zu vermeiden. Ohne Strahlenschutz besteht die Gefahr, dass Röntgenstrahlen die Erbanlagen in Zellen verändern. Erklären können wir uns das im Museum an einem Modell des Desoxiribonukleinsäure-Moleküls, kurz als DNS bezeichnet und mit „Baustein des Lebens“ übersetzt. Lange ist man mit den Strahlen ausgesprochen leichtsinnig umgegangen. Viele erinnern sich noch an den „Schuh-Durchleuchtungs-Apparat“, der früher in vielen Schuhgeschäften stand. Da konnte man sehen, ob die Kinderstiefel auch wirklich passten. Doch diese Geräte, die erst 1976 verboten wurden, hatten keinen Bleischutz. Das heißt: Die Strahlung konnte nicht, wie heute, sorgsam niedrig dosiert oder – wie bei den Gepäck-Durchleuchtungs-Apparaten am Flughafen – ganz ausgeschlossen werden.

Röntgen selbst hat – soweit sich das feststellen lässt – übrigens keine Strahlenschäden erlitten, wohl aber viele Ärzte, die in den ersten Jahren und Jahrzehnten mit Strahlen arbeiteten. Es sind etwa 400 Namen von Medizinern, Forschern, Technikern und Laboranten bekannt, die durch den Umgang mit Röntgenstrahlen ihr Leben lassen mussten. Und an diese Risiken – nicht zuletzt auch die Gefahr des Sonnenlichtes – erinnert das Museum ebenfalls. Die Mitarbeiter des Museums beteiligten sich im Übrigen an Strahlenschutzlehrgängen.

Denn Röntgenstrahlen werden nicht allein in der Medizin eingesetzt. Wozu sie sonst noch dienlich sind, zeigt die Ausstellung im Museum. So können mit ihrer Hilfe Kunstwerke untersucht werden. Dabei lässt sich unter anderem der Aufbau eines Gemäldes erkennen. So kann man Original von Fälschung unterscheiden. Röntgenstrahlen werden auch genutzt, um zu überprüfen, ob Nahtstellen zwischen verschweißten Rohren, z. B. Gaspipelines, absolut dicht sind. Eindrucksvoll sind darüber hinaus die Röntgenbilder vom Inneren einer Mumie: Würde man sie auseinandernehmen, um ihr Inneres zu erkunden, zerfiele sie.

Führungen für Schulklassen

EXTRA

Neben den üblichen Führungen bietet das Museum für Schulklassen einen speziellen Service zum Thema „Radioaktivität und Röntgenstrahlen“. Alle erforderlichen Geräte und Unterrichtsmaterialien hält das Museum bereit. Fachlehrer können den Unterricht also dort halten. Dabei helfen die Museumsmitarbeiter.

Was es sonst noch gibt

in Remscheid

Freizeitbad H_2O

Das Sauna- und Badeparadies in Remscheid Lennep bietet zu jeder Jahreszeit eine beinahe 2000 m² große Wasserwelt mit vielen Attraktionen. Auf dem „Crazy-River", einem 60 m langen Wildwasserfluss, können Besucher durch eine Felsenlandschaft jagen. Nicht ohne ist auch die 3 m lange Steilrutsche. Spaß haben Große und Kleine darüber hinaus im Wellen- und dem Erlebnisbecken. Anders als andere Spaßbäder wartet das H_2O zudem mit einem wettkampfgerechten 25-Meter-Becken auf, das innen sechs und außen vier Bahnen hat. Springen kann man von einem oder von 3 m Höhe. Gut bedient werden auch die Jüngsten: mit je einem Plantschbecken drinnen und draußen sowie einem „Schiffchenkanal". Wickeltische und Fläschchenwärmer sind ganz in der Nähe untergebracht.

Eine besondere Attraktion sind die Natursolebecken, deren Salzgehalt mit dem der Nordsee vergleichbar ist. Sehr gesund! Zudem gibt es auch noch eine Saline. Das Einatmen des Sole-Nebels empfiehlt sich insbesondere Asthma- und Bronchienkranken.

Mehrere Schwitzbäder enthält der große Saunabereich. Dort finden wir sogar Eiswürfel zum Abkühlen. Sehr schön der weiträumige Außenbereich auch der Sauna. Im Restaurant kann man nach dem Schwimmen oder Schwitzen lecker essen.

Tuchmuseum Lennep

Das Tuchmuseum in Lennep, hervorgegangen aus dem Textilmuseum Wülfing, bewahrt heute die Geschichte der Tuchindustrie im Bergischen Land. Sie hatte sich entwickelt, weil die kargen Böden nicht genug für den Lebensunterhalt hergaben. Das Museum bietet Einblick in folgende Bereiche:

Handelshäuser – Brücken zu neuen Märkten.

Tuchmacherhandwerk – Wegbereiter der Industrialisie-

▲ Einblicke ins Tuchmacher-Handwerk

rung: Vom handgesponnenen Faden bis zum gewebten Stück Tuch, Ablauf der Produktion von Streichgarn, Kammgarn und der Weberei.

Die Wupper – Wiege der Lenneper Tuchindustrie: Wachsende Industrie an den Ufern der Wupper: Der Fluss liefert Energie, Wasser und Feuchtigkeit, Elektrizitätswerke entstehen.

Lennep – die Stadt der Tuchmacher.

Private Initiative – soziale Verantwortung der Unternehmer: Arbeiterwohnhäuser, die Kolonie in Lennep, soziale Einrichtungen als Stiftungen Lenneper Unternehmer.

Lenneper Tuchindustrie – Mode und Farben in 100 Jahren.

Deutsches Werkzeugmuseum

Das Deutsche Werkzeugmuseum, das einzige dieser Art in Deutschland, zeigt, wie sich das Werkzeug von der Stein-, Bronze- und Eisenzeit bis zum Ausgang des 19. Jahrhunderts entwickelt hat. Da findet sich alles, vom Faustkeil über die elektrische Handbohrmaschine bis zu modernen Sonderwerkzeugen. Historische Werkstätten lassen noch etwas ahnen von den Arbeitsbedingungen vergangener Tage, dem Leben der Arbeiter, Werkmeister und Fabrikanten. Einblicke bekommt man auch in die Herstellung von wertvollem Werkzeugstahl.

▲ Idylle mit Spinnrad

Städtisches Heimatmuseum

Das städtische Heimatmuseum in Remscheid-Hasten, untergebracht in einem schönen Rokoko-Haus, vermittelt einen Eindruck der bergischen Wohnkultur des 18. und 19. Jahrhunderts.

Ausflug zur Milchstraße
Der Astronomische Verein und die Sternwarte

Sternwarte www.sternwarte-remscheid.de
Astronomischer Verein Remscheid / Postfach 100103 / 42801 Remscheid
Die Dr. Hans-Schäfer-Sternwarte befindet sich im Bismarckturm in Remscheid am Stadtpark.
Position der Volkssternwarte: 7°10' 5'' 7 ö. L., 51°11' 0'' n. B.
Führungen: n. V. für Familien, Vereine, Schulen etc. möglich (Gruppen bis 15 Personen). Geboten wird eine Besichtigung der Fernrohre sowie je nach Wetterlage eine Beobachtung des Himmels. Bei bedecktem Himmel wird die Astronomie anhand von Dias vorgestellt.
Info: Peter Kalbitz / Tel. 02191-66 37 95 oder Bernd Reiner Ebel / Tel. 02191-756 07

Der gläserne Mensch
Das Röntgenmuseum in Lennep

Deutsches Röntgen-Museum / Schwelmer Straße 41 / 42897 Remscheid-Lennep
Tel. 02191-16 33 84 / Fax 02191-16 31 45
Öffnungszeiten: Di-Fr 10-18 Uhr, Sa, So 11-18 Uhr, Führungen n. frühzeitiger V.
Eintritt: frei

Was es sonst noch gibt in Remscheid

Freizeitbad H_2O
Hackenberger Straße 109 / 42897 Remscheid-Lennep / Info-Tel. 02191-16 14 41
Öffnungszeiten: Mo 12-23 Uhr, Di-Do, Sa, So 9-23 Uhr, Fr 9-24 Uhr
Eintrittspreise: 4 Stunden Erwachsene 6,90 Euro, Kinder 4,90 Euro
Tag Erwachsene 8,90 Euro, Kinder 5,90 Euro, Kinder bis 99 cm 1,- Euro
Sauna 4 Stunden 14,40 Euro, Tag 17,40 Euro

Tuchmuseum Lennep
Hardtstraße 2 / 42897 Remscheid-Lennep / Tel. 02191-66 92 64 / Fax 02191-66 92 64
Öffnungszeiten: Di 12-16 Uhr, So 14-17 Uhr, Sondertermine n. V.

Deutsches Werkzeugmuseum
Cleffstraße 2-6 / 42855 Remscheid / Tel. 02191-16 25 19 / Fax 02191-16 31 55
Öffnungszeiten: Di-Sa 9-13 Uhr, 14-17 Uhr, So 10-13 Uhr
Eintritt: frei

Städtisches Heimatmuseum
Cleffstraße 2-6 / 42855 Remscheid / Tel. 02191-44 25 19
Öffnungszeiten: Di-Sa 9-13 Uhr, 14-17 Uhr, So 10-13 Uhr
Eintritt: frei

4. Wupper

Die Wupper, der „fleißige Fluss“ des Bergischen Landes.

Ein Fluss wäscht sich sauber

Ausflüge an den Ufern des Bergischen Stroms

Kein anderer Fluss im Lande führte wohl so viele Beinamen wie die Wupper: fleißigster Fluss Deutschlands, schwärzester Fluss Deutschlands, Tintenstrom, Kloake. Alle hatten ihre Berechtigung. Weil die Wupper so fleißig war, wurde sie auch so dreckig. Was da so ahnungslos bei Marienheide aus dem Boden quilt, das lässt sich nach 113 km in Leverkusen erschöpft vom Rhein mitnehmen. Auf ihrem Weg von Ost nach West muss sie wirklich tüchtig arbeiten. Fast 1 Mio. Menschen wohnen heute in ihrem Einzugsbereich. Unzählige lebten einst von ihr: Bleicher, Färber, Müller, Schleifer und schließlich ganze Fabrikbelegschaften. Den Fischern allerdings ging während der letzten 150 Jahre die Luft aus, das heißt ihrer Beute wurde der Sauerstoff zwischen den Kiemen knapp.

Gottlob haben die Menschen erkannt, dass diese Entwicklung auch ihnen selbst gefährlich wird. Und so hat der fleißige Fluss den Höhepunkt seiner Verschmutzung inzwischen hinter sich gelassen. Von wenigen wurde viel getan, um ihn am Leben zu halten. Viele werden hoffentlich noch mehr tun, um ihn wieder ganz gesunden zu lassen.

Ausflüge an die Wupperufer endeten vor 35 Jahren wie ein Picknick mit Stinkbombeneffekt. Diese Zeiten sind wirklich vorbei. Fische tummeln sich im Wasser und sogar Flusskrebse wurden wieder gesichtet. Fischtreppen wurden für die Rückkehr der Lachse hergerichtet. Teilweise führt der Flusslauf durch den Naturpark Bergisches Land. In den Wupperwiesen ist es wieder erholsam. Wo sich Bachstelzen, Graureiher und sogar Kormorane wohl fühlen, ist es sicherlich keine Zumutung, behutsamen Großstädtern Ausflüge vorzuschlagen.

Ausflüge entlang der Wupper haben einen ganz eigenen Charakter. Mal erschließen wir den Fluss zu Fuß, mal mit dem Fahrrad, dem Auto oder der Schwebebahn. Oder wir legen uns einfach ins Gras und lassen ihn an uns vorbeiziehen. Nicht nur unsere Fortbewegungsart wechselt, auch das Gesicht des Stroms, sogar sein Name wechselt: die junge Wipper wird zur gemächlicheren Wupper. Mal „woget sie auf steinigem Weg“, wie es im Bergischen Heimatlied heißt, mal lässt sie sich

▲ Idylle am Fluss

zum breiten See stauen. Mal „rinnet die Quelle aus moosigem Stein" (Berg. Heimatlied), mal stockt sie vor breiten Stauwehren. Sie grüßt Burgen und Schnellstraßen, streift Wälder und Meisterwerke der Technik, und ihre Ufer lassen die Flora ebenso üppig blühen wie die Sagenwelt.

Auf halbem Wege bis zur Mündung

Natürlich reizt es, der Wupper tatsächlich von der Quelle bis zur Mündung nachzugehen. Schön, wer sich das so wie Opa Sackser einrichten kann, der mit seinen zwei Enkeln dies in einer Sechs-Tage-Tour, mit Zwischenstopps in Jugendherbergen, schaffte. Im *Rheinisch Bergischen Kalender* der Jahre 2002 bis 2004 sind die Erlebnisse in drei Etappen genauestens beschrieben. Ein Hauch davon ist auch als „Reise im Kopf", beim Lesen spürbar. Wir wollen uns ihr hier ab Solinger Stadtgrenze als Begleiter zugesellen. Wer die Leseabschnitte und die Ausflüge – auch mit größeren Unterbrechungen – aneinanderreiht, wird dem Strom des Bergischen Landes schon recht nahe kommen. Setzen wir die zitierte zweite Strophe aus dem Bergischen Heimatlied in der romantischen Sprache des vorigen Jahrhunderts wie einen Kurzlebenslauf des Flusses voran.

Wo die Wupper wild woget auf steinigem Weg,
an Klippen und Klüften sich windet der Steg,
wo der rauchende Schlot und der Räder Gebraus,
die flammende Esse, der Hämmer Gesaus,
verkünden und rühmen die fleißige Hand:
da ist meine Heimat, mein Bergisches Land.

High-Tech bis Mittelalter

Von Müngsten nach Burg

Die 3 km zwischen Müngstener Brücke und Schloss Burg sind das touristische Filetstück der Wupper. Ein reiner Fußweg, gut ausgebaut. An einigen Holperstellen und einer Treppe für Kinderwagenschieber beschwerlich, für Mountainbiker reizvoll, überwiegend jedoch in der Kategorie „Spaziergang" angesiedelt. Von mehreren Varianten schlagen wir zwei Möglichkeiten vor: **A)** Als Rundweg für einen erweiterten „Sonntagsspaziergang": Mit Bus oder Auto bis Müngsten. An den Verkaufsbuden unter der Brücke vorbei in mäßiger Berg- und Talbahn immer rechts der Wupper entlang auf Wanderweg N. Am „Wiesenkotten" wird die Wupper

Die Müngstener Brücke – Faszination in Stahl

„Platzkirsche“ am Wupperufer: Herkulesstauden („Bärenklau“)

überquert, noch ca. 1 km auf Weg S bis zur Ortschaft Unterburg. Der Rückweg kann ganz am linken Ufer (Wegzeichen ^) entlang führen. Die Wupper überqueren wir dann erst bei Müngsten, um zum Parkplatz oder zur Haltestelle zu gelangen. Länge: ca. 7 km, Dauer: ca. 2 Stunden (ohne Aufenthalt in der Burg).

B) Als Ganztagesausflug mit Kindern: Mit Bus oder Auto fahren wir bis zur Ortschaft Solingen Krahenhöhe (die Haltestelle heißt auch so). Zu Fuß die Schabergerstraße hinunter. Die ausgebaute Straße endet am Bahnhof Schaberg. Wir nähern uns der Müngstener Brücke seltenerweise also mal „von oben“. Unten im Tal angekommen, sind Kinder stolz, wenn sie sich vor Augen führen, dass sie eben noch auf Höhe der Gleise waren. Den imponierend erscheinenden Höhenunterschied von 107 m haben die kleinen Füße schon mal geschafft!

Am Bahnhof Schaberg fahren übrigens die Reginalverkehrszüge Richtung Remscheid ab. Unmittelbar hinter dem Bahnsteig bummelt der Zug über die Müngstener Brücke. Ein lohnenswerter Ausblick!

Nach dem Bahnhof führt links ein Feld- und Wiesenweg mit deutlichem Gefälle nach Müngsten ab. Unterwegs verzweigt er sich zwar zu verschiedenen Streckenvarianten, doch verlaufen kann man sich nicht. Alle Wege führen ins Tal der Wupper. Mit Kindern ist jenes Teilstück besonders reizvoll, das am mächtigen Fundament eines Brückenpfeilers vorbeiführt. Die riesigen Schrauben, das verwirrende Stahlskelett, der starke Betonsockel

Die Wupper ist wieder sauber und lockt zum Spielen.

auf felsigem Untergrund flößen Respekt vor der technischen Leistung ein. Fotomotive und „Felsbesteigungen“ animieren Groß und Klein zu einem Zwischenstopp.

Für eine große Pause ist auf den Plätzen unterhalb der Brücke Gelegenheit. Auch mit jungen Kindern ist dieses erste Teilziel spätestens nach 1 Stunde erreicht. Bänke laden zum Picknick ein. Wir haben über Jahre hinweg gute Erfahrungen an den Tischen in der Nähe der Minigolfanlage gemacht. Dort lockt auch ein Zugang am seichten Wupperufer zum Fische Beobachten oder Fotografieren. Und für bergische Schleckereien und Info-Material hat sich die benachbarte Verkaufsbude des Ehepaars Böhm als kinder- und wandererfreundlich erwiesen. Sie halten auch ein wachsames Auge darauf, dass die im Jubiläumsjahr 1997 („100 Jahre Müngstener Brücke“) aufpolierten Anlagen ansehnlich bleiben.

Nach der Stärkung geht's über Wanderweg N immer geradeaus (wie auf dem Rundweg) auf Schloss Burg zu. Die 3 km sind in 1 Stunde zu schaffen. Mit Kindern darf man sich aber auch gerne die doppelte Zeit lassen. Denn rechts des Weges locken immer wieder Quellbäche (kein Trinkwasser!) und Felspartien zur hautnahen Naturerkundung. Auf der großen Felswand links vor Unterburg kann eine feucht-lehmige Hose wieder trocken gerutscht werden.

Aufstieg nach Schloss Burg und Besichtigung lesen wir im Kapitel Erlebnis Solingen nach. Nach etwa 2 Stunden auf dem Burgberg sind auch die Erwachsenen froh, dass in Unterburg einer der typischen Solinger Oberleitungsbusse für die Rückfahrt bereit steht.

Wer zum Startpunkt mit dem Auto anreiste, verlässt den Bus nach 7 Stationen an der Haltestelle „Krahenhöhe" und wird in der Schabergerstraße sein parkendes Gefährt wiederfinden.

Länge: ca. 7 km Wanderstrecke, Dauer: als Familien- oder Klassenausflug inkl. Burgbesteigung und -besichtigung 4–5 Stunden.

Die Eisenbahnbrücke zu Müngsten

Extra

Manche Geschichten halten sich ewig, obwohl sie falsch sind. Das betrifft vor allem große technische Meisterleistungen, die ans „Unmenschliche" grenzen. Da kann doch was nicht mit rechten Dingen zu gehen!

Als man Ende des 19. Jahrhunderts daran ging, den Höhenunterschied von 107 m über der Wupper mit einer Brücke von fast einem halben Kilometer Länge zu überspannen, war das eine Sensation, nicht nur im Bergischen Land. Wer so kühne Konstruktionen wagte, überzog das Menschenmögliche! An den Teufel glaubte man inzwischen zwar nicht mehr. Doch so ganz ohne Schauergeschichten mochte man auch nicht auskommen. Einen Planungsfehler von wenigstens einem, aber entscheidenden Zentimeter wollte man dem Ingenieur unterstellen, woraufhin dieser sich von der Brückenmitte in den Fluss gestürzt haben soll.

Die Geschichte ist solch ein Unfug, dass wir ihr schnell mit wahren Fakten zu dem imposanten Bauwerk begegnen wollen: 1894 begann man auf Remscheider wie auf Solinger Seite mit den Fundamentarbeiten für die Pfeiler und mit dem Bau einer 31 m hohen Behelfsbrücke. Sie überspannte als Arbeitsbühne die Wupper. Dann wuchs

▶ Von zwei Seiten wurde gebaut. Steckt in der Mitte wirklich der goldene Niet?

die Stahlkonstruktion von beiden Seiten aufeinander zu. Im März 1896 kam der spannendste Augenblick: Der Bogen wurde geschlossen. Der letzte Niet (war es wirklich ein goldener?) passte haargenau! Die Schienen konnten von beiden Seiten verlegt werden, ohne jeden noch so winzigen Hubbel.

Als sie am 6. Juli 1897 den Belastungen der ersten Lokomotive standhielt, war Europas damals höchste Brücke fertig. Die stand nun mitten im Bergischen Land. Ihre Stahlkonstruktion glich sehr einem anderen Technikwunder jener Zeit: dem Pariser Eiffeltum, acht Jahre zuvor erbaut. Stolz hieß es, in Müngsten stehe die „deutsche Antwort auf den Eiffelturm“. Solch majestätische Dimension musste natürlich – so war das vor rund 100 Jahren – nach Deutschlands Kaiser benannt werden. „Kaiser-Wilhelm-Brücke“ wurde sie „getauft“, und so hieß sie bis 1923. Ein Vertreter des Kaiserhauses ließ sich im festlich geschmückten Eröffnungszug von Solingen nach Remscheid fahren.

Rund 5 000 t Stahl wurden nun durch fast 1 Mio. Nieten zusammengehalten. 75 000 m^3 Eisenfläche müssen seitdem immer erneut gegen Rost gestrichen werden. Der mühsame Weg über die Wupperberge verkürzte sich zwischen den benachbarten Handelsstädten um viele Stunden. Eine große Erleichterung, die dem wirtschaftlichen Aufschwung diente.

Ausgeführt haben die Arbeiten Männer der Firma MAN. An deren Spitze stand als planender Ingenieur Anton Rieppel. Er sollte noch mit einem weiteren technischen Bauwerk Weltruhm erlangen – der Wuppertaler Schwebebahn. Anton Rieppel hatte also überhaupt keine Veranlassung, sich verzweifelt von der Brücke zu stürzen. Tatsache ist aber leider, dass während der Bauzeit sechs Menschen bei Unfällen zu Tode stürzten. Wer nun doch nicht so ganz ohne Fantasiegeschichte auskommen mag, der kann sich ja die niedliche Geschichte vom „Goldenen Niet“ auf Video ansehen. (Den WDR-Beitrag gibt es u. a. am Kiosk zu kaufen.)

Unser Tipp: Mehrfach überqueren Nahverkehrszüge die Müngstener Brücke. Es lohnt sich – an einem anderen Tag – mal die wenigen Kilometer zwischen Bahnhof Schaberg (Solingen) und Güldenwerth (Remscheid) hin- und zurückzufahren. Kinder schauen durchaus mit Interesse Bilder aus der Bauzeit der Brücke an. Die Faszination zweier aufeinanderzuwachsender Brückenseiten reizt nicht nur Jungen, die kühne Konstruktion zu Hause (etwa mit Legosteinchen) nachzubilden.

Seit über 100 Jahren Anziehungspunkt: die Eisenbahnbrücke bei Müngsten.

Kotten-Tour per Fahrrad

Von Burg nach Wipperaue

Entlang der Wupper, zu Fuß oder per Fahrrad

Gut erschlossene Wege werden auch Ungeübte für diese Strecke motivieren. Und ganz Vorsichtige können sie in vielen Unterteilungen erschließen, etwa als Rundweg auf dem Sonntagsspaziergang entlang der beiden Uferseiten, mal auf Solinger, mal auf Leichlinger Gebiet. Die markanten Ortschaften Glüder, Wupperhof, Rüden, Friedrichsaue locken nicht nur mit Gastronomie, sondern auch mit geräumigen Parkplätzen. „Park and bike" hat auch an der Unterwupper Einzug gehalten.

Für Gruppen mit Kindern um 10 Jahre schlagen wir sie hier als Fahrradtour vor. Sie ist überwiegend autofrei und damit für die stets vorausflitzenden Energiebündel auf weiten Strecken sicher. Andererseits bietet sie stellenweise noch einen Hauch von Cross-Erlebnis, denn durchgehende Asphaltwege dürfen wir nicht erwarten. Es gibt kaum Gelegenheiten, sich zu verfahren. Es geht immer flussabwärts.

Nicht nur die Gastronomie lädt unterwegs ein, sondern auch zahlreiche Stellen für Picknick; Gelegenheit zum Spiel am seichten und inzwischen recht sauberen Wupperufer inbegriffen (natürlich stören wir nicht die Brutstätten). Hofhunde und Tierhaltung vereinzelter Gehöfte künden hörbar die Stationen zwischen steilen Wupperbergen und sanften Flussauen an.

Start beim Brezelträger

Wir starten in Unterburg beim Brezelträger-Denkmal und halten uns, vorbei an der Seilbahnstation, immer rechts der Wupper. Die historischen Schleifkotten bei Balkhausen und Wipperaue sind natürlich „ein Muss", zumindest für eine Kurzbesichtigung.

Von den einst zahlreichen Stauwehren in der Wupper passieren wir nur noch wenige. Die meisten wurden gesprengt. Sie sind ein Hinweis auf die einst 26 Schleiferkotten am Ufer, für deren schwere Wasserschlagräder der Druck durch das Staugefälle erhöht wurde. Heute sähe man gerne wieder mehr dieser kleinen Wasserfälle, gibt ihr Spritzen doch dem Fluss Gelegenheit, sich mit Sauerstoff anzureichern.

Zoppesmur und Rüdenstein

Zwei Ziele auf dem linken Flussufer lohnen ab Oberrüden einen Wechsel auf die Leichlinger Seite: das Rüdendenkmal und die Ruine Zoppesmur bei Leysiefen, kurz vor dem Ziel. Letztgenannte weist heute nur spärliche Überbleibsel auf. Es sind die Reste der einstigen Hügelanlage mit Burg, eine „Motte". Auch hierüber spannen sich blutrünstige Sagen, ebenso wie über Haus Nesselrath, das wir links streifen, bevor wir über die breite Autobrücke wieder ans rechte Wupperufer zum Ziel, dem Wipperkotten, gelangen. Für Kinder anrührend ist die Rüden-Sage, die Geschichte vom treuen Jagdhund, der ein Denkmal, den Rüdenstein, gesetzt bekam. Eine Tour mit Kindern kann daran nicht vorbeigehen. Etwa auf der Hälfte unserer Strecke, in Oberrüden, führt eine Brücke zum schroffen Denkmalfelsen. Einst hätte er Schauplatz einer traurigen Geschichte werden können, wäre da nicht des Herzogs kluger Hund gewesen. Hier die Sage, wie sie von Paul Weitershagen in *Die Bergische Truhe* erzählt wird. Den Ur-Rüden von 1424 hat inzwischen Denkmal Nr. 2 von 1924 ersetzt.

Der tapfere Rüde. Sah er so aus?

Unser Tipp: Mit dem Fahrrad

Auto mit Fahrradträger am Parkplatz Unterburg (Seilbahn) stehen lassen. Wer die Tour in umgekehrter Richtung machen will, findet am Wipperkotten Parkgelegenheit.

Länge: hin und zurück 27 km. Wer für den Rückweg beim Wipperkotten das rechte Flussufer wählt, muss anfangs leider ein unangenehmes Stück Landstraße in Kauf nehmen. **Zu Fuß:** Natürlich kann die Strecke auch erwandert werden. Länge: 13 km. **Mit Bus** Nr. 683 bzw. 653 Unterburg anfahren. Ab Wipperaue/Hasenmühle mit: Bus Nr. 250 der Fa. Gebr. Wiedenhoff nach Solingen (oder Gegenstrecke Richtung Leverkusen, Köln) zurück.

Der Rüdenstein

Die Jagd ist zu Ende, die Hifthörner blasen. Ein Ruf, der auch dem eifrigsten Weidmann gefällt, wenn tiefer Schnee das Ross bis zum Bauch versinken und schneidender Wind das Blut in den Adern erstarren lässt.
Den jungen Herzog Robert von Berg jedoch lockt der warme Kamin noch nicht. Was kümmern ihn Dämmerung, Kälte und Schnee! Sein Blut ist vom Jagdeifer heiß. Nur von einem Rüden begleitet, hetzt er sein Ross hinter einem Zwölfender her. Die Brust des mächtigen Wildes durchpflügt den Schnee. Spürt es festen Grund unter den Hufen, schnellt es mit federnden Sprüngen dahin. Plötzlich ist es dann hinter einer stäubenden Wolke von Schnee verschwunden. Der Herzog kann sein Ross nicht mehr zügeln. Es sprengt in das Gestäube, schießt über einen Felsen hinaus, überschlägt sich, wirft im Sturz seinen Reiter ab und zerschmettert im Geröll am Ufer der Wupper. Der Herzog ist in eine Schneewehe geschleudert worden und liegt betäubt. Nach langem weckt ihn ein klägliches Jaulen. Eine feuchtwarme Zunge beleckt sein Gesicht, seine Hände. Der Rüde ist es. Der Herzog bewegt sich. Der Hund bellt freudig, dann ist er plötzlich verschwunden. Der Herzog will sich aufrichten. Seine Glieder versagen. Lange liegt er, und die Kälte löscht langsam alles Leben in ihm. Dann kommen Hundegebell und Stimmen von ferne. Plötzlich flammen Fackeln um ihn; er will sprechen. Da schwinden ihm jäh die Sinne. Als er wieder erwacht, liegt er in seiner Kammer.
Er will wissen, wie er hierhergekommen ist. Man berichtet ihm: Als die Hifthörner bliesen, kehrte der Herzog nicht zurück. Immer und immer wieder riefen sie, und schon wollten die Jäger die dunkelnden Wälder absuchen, da sprang der Rüde herbei. Er umkreiste sie, bellte kläglich, bis sie ihm folgten, und so fanden sie ihren Herrn. Er lag in einer Schneewehe am Fuße des Felsens, von dem er abgestürzt war. Wenig weiter zum steinigen Ufer der Wupper hin stießen sie auf das zerschmetterte Ross und einen verendenten Hirsch. Da wussten sie, was geschehen war. Sie fertigten aus Ästen schnell eine Trage und brachten damit den Verletzten aufs Schloss.
Der Herzog machte eine Weile die Augen zu. Dann wünschte er, seinen Hund zu sehen. Als man das Tier in die Kammer ließ, sprang es gleich auf das Krankenlager und beleckte seinem Herrn die Hände. Seitdem wich es nicht mehr von seiner Seite.
Sobald der Herzog genesen war, ließ er in den Felsen über der Wupper das Bildnis seines Hundes hauen. Die Jahrzehnte zermürbten und zerstörten den Stein. Damit aber die Treue des Hundes niemals vergessen würde, errichtete man an dem Hang, wo sich bei Solingen der Herzbach in die Wupper ergießt, auf hohem Sockel ein neues, heute steinernes Bild. *Am Rüden* heißt die Stelle.

Der Fluss ist müde

Von Leichlingen nach Leverkusen

Unser letzter Ausflug an die Wupper hat nur begrenzt mit dem Bergischen Land zu tun. Wir empfehlen ihn hier mehr der Vollständigkeit wegen. Nach so langer Wegbegleitung möchte mancher gerne erleben, wie der Fluss in den großen Rheinstrom eintaucht.

Obgleich es nun durch Städte geht, sind es grüne Wege, z. T. auch hervorragend fürs Fahrrad geeignet. Die Leichlinger und Leverkusener haben die Wupper auf ihren letzten Kilometern in ihre örtlichen Naherholungsgebiete integriert. Das ist gepflegt anzusehen, für Kinder jedoch – trotz der eingelassenen Spielplätze – nicht unbedingt aufregend. Allein das Waldgebiet zwischen Leichlingen und Opladen mag den hier ansässigen Jungen und Mädchen als urwüchsige Spiellandschaft dienen. Doch dazu benötigen sie keine Anleitung. Ob die Brachen an der Wupper noch Schauplatz für „Räuber- und Gendarm-Spiele", Schnitzeljagden und Pfadfinderübungen sind? Heute reizen die sanft auslaufenden Hügel wohl eher als Crossradstrecken.

Am Wipperkotten verlassen wir das Solinger Gebiet, dessen Südgrenze die Wupper während der letzten 10 km war. Eine Wegbeschreibung ist nicht nötig. Wir bleiben nah am Ufer.

Vorbei an der sehenswerten, typisch bergischen Kirche (hier war man überwiegend evangelisch) durcheilt die Wupper das Zentrum von Leich-

In Leverkusen-Bürrig mündet die Wupper in den Rhein. 113 km hat sie zurückgelegt.

lingen. In den Auen, bei Balken, findet am ersten Oktoberwochenende der bekannte „Leichlinger Obstmarkt“ statt. Eine günstige Lage im Sonnenwinkel beschert der kleinen Stadt im Herbst eine farbenprächtige und aromareiche Erntezeit. Und ihrer weißen Obstbaumpracht im Frühling verdankt sie den schmückenden Beinamen „Blütenstadt“.

Von einer der letzten Wupperanhöhen grüßt rechts der Herrensitz „Haus Vorst“. Noch ein letztes Wäldchen, dann ist Opladen erreicht. Vor der Eingemeindung nach Leverkusen das „Tor zum Bergischen Land“ genannt. Hier bekam der Fluss von den örtlichen Färbereien noch einmal eine letzte Dreckspackung mit. Doch diese Zeiten sind vorbei. Stattdessen zieht er gemächlich durch gepflegte Grünanlagen und lässt sich auch als abgezweigter „Mühlengraben“ in Leverkusen nicht mehr zur Arbeit hetzen. Die Mühlen haben ihren Betrieb längst eingestellt. Eigentlich sieht der Fluss recht proper aus, bevor er Vater Rhein begegnet. Kurz zuvor nimmt die Wupper noch letzte Gäste auf: in Opladen den Wiembach. Und kurz vor ihrer Mündung vereinigt sich mit ihr ein bergisches Flüsschen: die Dhünn. Lag die Mündungsstelle einst ganz unromantisch zwischen Strommasten und Müllkippen des nahe gelegenen Bayerwerks ist sie heute eingebettet in die Naturgestaltung der Landesgartenschau 2005.

Leichlinger Obstmarkt

Extras

Nur wenig abseits vom Leichlinger Zentrum, in den Balker Auen, findet jedes Jahr am ersten Oktoberwochenende der große Obstmarkt statt. Längst wird nicht mehr nur Obst verkauft. Inzwischen ist das Ausstellungsgelände an den Wupperwiesen zu einer Mischung aus Jahrmarkt und Fachmesse für jedermann angewachsen. Hobbygärtner erhalten hier Tipps vom Fachmann, Heimwerker lassen sich neue Geräte vorführen und Bastler finden viele Anregungen, die sie an den bevorstehenden Winterabenden umsetzen können. Beispielsweise, wie man Heu und Stroh zu Tierfiguren binden kann.

Kinder und Jugendliche werden Spaß daran haben, auf einem großen Rasenmäher Runden drehen zu dürfen. Doch selbstverständlich stehen die heimischen Obstsorten im Mittelpunkt des Marktgeschehens. Da können die unterschiedlichen Apfelsorten nicht nur in Augenschein genommen werden, da darf auch probiert – und natürlich gekauft werden.

Verschiedentlich werden die farbenfrohen Gemüse und Früchte zu Mustern zusammengefasst. Auch das Leichlinger Stadtwappen wird gerne als „Natur-Bild“ gelegt. Denn so wie man im Frühjahr als „Blütenstadt“ bekannt ist, so schmückt man sich im Herbst gerne als „Obststadt“.

Wer es sich einrichten kann, der sollte zum ruhigen Bummeln oder zum Besuch mit Kleinkindern das Wochenende meiden und die weniger besuchten Ecktage, Freitag und Montag, wählen.

Haus Vorst

Die Burganlage hoch oberhalb der Wupper ist in keiner Weise touristisch erschlossen. Weder Kioske noch Parkplätze pflastern ihre Zufahrtswege. Streng genommen ist der Zugang auch nur Wanderern und Spaziergängern möglich, denn man gelangt nur auf Waldwegen, durch den Vorster Busch, zum Ziel. Von der Ansiedlung „Schnugsheide", von der Opladener Straße und Rothenberg Straße führen Wege in den Forst (VRS-Haltestelle „Stoss"). Dort bringt uns ein weißes Dreieck als Wanderzeichen auf den asphaltierten Haus-Vorster-Weg.

Das Fehlen von Rummel und Verkehr ermöglicht auch und gerade für Kinder einen Eindruck von einer Burganlage. Es kostet keinen Eintritt, denn zu „besichtigen" ist nur der Innenhof. Der Besucher ist hier Gast auf einem Privatgelände. Doch die Charakteristika eines mittelalterlichen Rittersitzes sind gut auszumachen: die unglaublich dicken Mauern, der Burggraben, die Kettenlöcher für die ehemalige Zugbrücke (seit 100 Jahren von einer festen, befahrbaren Brücke abgelöst), der mächtige Lindenbaum im Innenhof, der Wehrturm und nicht zuletzt der Blick steil ins Tal der Wupper. Und unausrottbar bleiben wohl die Spekulationen um einen Geheimgang von hier nach Schloss Burg, das gut 100 Jahre älter ist als der Rittersitz Vorst.

Tierpark Reuschenberg

Auf Leverkusener Gebiet, im Ortsteil Bürrig, führt neben der Wupper der Mühlengraben her. Vor der Eisenbahnstrecke Köln-Düsseldorf zweigt links ein Weg zum Tierpark Reuschenberg ab, eine kleine, gepflegte Anlage, deren Förderer stets um den Erhalt dieses beliebten Spaziergangsziels kämpfen.

Für rheinische Brauchtumsfreunde hat der Ort Reuschenberg noch eine besondere Bedeutung. Bis in die 1950er Jahre stand hier das Schloss Reuschenberg, das ein beliebtes Ausflugsziel der Leverkusener und Opladener war. Ursprünglich war es ein Herrensitz mit zinnenbekröntem Turm. Freiherr von Mylius war einer seiner letzten Bewohner. Er brachte als ehemals hochrangiger Militär aus Österreich ein Lied mit an den Rhein, das hier zu einer Art Nationalhymne wurde: das Lied vom Treuen Husar.

Minizoo nicht nur für Minis

Alle Infos über die Verkehrsämter ab S. 152

High Tech bis Mittelalter
Von Müngsten nach Burg

Seit 1997 wieder gepflegte Anlage, Bänke, Tische, Toilette
Minigolf am Kiosk bei Elsa Böhm.
Öffnungszeiten: täglich 9-19 Uhr
Wanderwege: Müngsten–Unterburg 3 km, ca. 60 Min.
Müngsten–Oberburg 4 km, ca. 80 Min.

Paddelspaß auf der Wupper

Kotten-Tour per Fahrrad
Von Burg nach Wipperaue

Nützliche Adressen:
Notgemeinschaft Abwassergeschädigter NAG Wipperkotten / 42604 Solingen
Tel. / Fax 0212-80 03 05

Wupperverband www.wupperverband.de
Zur Schafbrücke 6 / 42283 Wuppertal / Tel. 0202-58 30 / Fax 0202-58 33 17
Der Wupperverband hat zur Aufgabe
- Abwasserreinigung mit Abfallbeseitigung
- Betrieb der Talsperren zum Ausgleich der Wasserführung der Wupper
- Trinkwasserbereitstellung
- Gewässerunterhaltung und -ausbau

Literaturtipps:
Wer bergische Schmankerln mal nicht nur mit Brezeln und Dröppelminna, sondern auch literarisch genießen möchte, dem sei das brillante Essay von Vilma Sturm empfohlen *Die Wipper-Wupper-Katze*, in „Meine lieben Flüsse", Josef Knecht Verlag, Frankfurt/M.
„Gourmets der Augen" werden den Bildband aus dem Wienand Verlag genießen: Regina Bermes, Kurt Schnöring: *Die Wupper*, 1993

5. Rheinisch Bergischer Kreis

Märchenwald Altenberg. Hier wohnt die „Gänsemagd“.

Odenthal

Es war einmal – der Altenberger Märchenwald

Das Zurschaustellen von Märchenszenen kann das Erzählen nicht ersetzen. Es ist pädagogisch auch nicht ganz unproblematisch. Doch angesichts der medialen Hektik in der Kinderwelt sind sie ein Wink, die verblasste Kultur der Volksmärchen wiederzuentdecken und Freude an der eigenen Erzählkunst zu finden. Der Altenberger Märchenwald animiert dazu wegen eines Umstands, der ihm ansonsten angekreidet wird: Er ist durch und durch altmodisch.

Rotkäppchen und der böse Wolf

Lange bevor unsere Freizeitgesellschaft Vergnügungs- und Erlebnisparks aus dem Boden stampfte, setzte ein Mann seinen Kindertraum um. Wilhelm Schneider, so hieß dieses „große Kind“, erschloss auf serpentinenartigen Wegen einen Hang des Dhünntals, errichtete etwa alle 100 m Holz- oder Fachwerkhäuschen und stellte in ihnen Szenen aus Grimms Märchen nach. Das war 1931. Und so sieht es im Grunde auch heute noch aus. Hier läuft keine computergesteuerte Sensation, hier zielt keine Multimedia-Masche auf den Kick der Sinne. Zwar wurde in den 1970er Jahren der Park erweitert und abrufbare Märchenhörspiele wurden in die Häuschen eingebaut. Doch aufregend ist das heutzutage längst nicht mehr, es wirkt eher bieder. Und genau das passt! Vielleicht können wir das nach einem kleinen Ausflug in die Märchen- und Kinderpsychologie nachvollziehen.

Etwas Märchenpsychologie vorweg

Vor gut einer Generation gerieten die Jahrhunderte alten Volksmärchen in die Schusslinie. Es wurde heftig dagegen gewettert, Kindern solch unlogischen Schwachsinn und blutrünstige Grausamkeiten zu erzählen. Man nehme Kinder nicht ernst oder man schocke sie mit Vorstellungen vom Aufgefressen- und In-den-Ofen-gesteckt-werden. Das gefährde das Seelenwohl der Kleinen. Die Märchenkritik erschien vernünftig – und genau das war ihr Schwachpunkt. Denn die seelische Entwicklung verläuft nicht nur nach vernünftigen Gesichtspunkten. Auch das Irrationale und Unbewusste nimmt breiten Raum ein. Und da ist die bizarre Logik der Märchenwelt näher dran. Nicht nur bei Kindern, sondern auch bei Erwachsenen, für die die meisten Märchen ursprünglich gedacht waren. Schließlich wurden Weisheiten der Völker, Einblicke in menschliche Seelenempfindungen und Verhaltensweisen über Jahrhunderte mittels Märchen weitergegeben, bevor unsere Zeit sich auf die psychologischen Wissenschaften konzentrierte.

Es war der amerikanische Kinderpsychotherapeut Bruno Bettelheim (1903–1989), der mit seinem Bestseller *Kinder brauchen Märchen* die Sorgen ausräumte, Kinder würden durch Märcheninhalte veralbert oder gar geschädigt. Bettelheim erläuterte, dass Kinder die Geschichte nicht als grausigen Einbruch in ihre heile Welt erleben müssten, dass sie – im Gegenteil – viele der Themen von sich selbst kennen würden: aus ihrem eigenen Unterbewusstsein, natürlich in verstellter Form.

Das Böse besiegen

Wer hätte nicht schon mal erfahren, dass Ungeduld und Nicht-Warten-Können einen in „Teufels Küche“ brachten? Hänsel und Gretel erleben es, dass ihre orale Gier, das Ignorieren von Vorsicht, das hemmungslose Knabbern und Schlingen sie dem Hexenbackofen bedrohlich nahe bringt. Statt zu mahnen, verführt die Alte noch die Jungen, aus purer Eigensucht. Wie befreiend – so der Kinderpsychologe – ist die Auflösung in der Ge-

„Knusper, knusper, knäuschen, wer knuspert an meinem Häuschen?“

schichte. Statt der unbeherrschten Opfer muss die tückische Verführerin, die Hexe, in den Backofen, nachdem die Kinder sich ihrer Klugheit besannen und das Böse austricksten.

Ein anderes Beispiel: Jede Fernseh-Seifen-Oper lebt von der Überzeichnung der (Gegen)-Spieler. Die Facetten menschlicher Charaktere werden holzschnittartig auf Gut und Böse verdichtet. Dabei spüren wir Zuschauer, dass wir durchaus beide Anteile, Gut und Böse, in uns haben. Letztlich geht es uns wie Goethes Faust: „Zwei Seelen wohnen, ach, in meiner Brust!" Es ist entlastend, dieses innere Gezerre mal klar zu trennen: hier guter Mensch, da böser Mensch. Hier gute Fee, da böse Hexe. Hier Mutter, da Stiefmutter. Gemeint ist eigentlich der gleiche Mensch. Den aber müssen wir gelegentlich „aufspalten" in seine lieben und bösen Anteile. So können wir besser aushalten, dass es in Beziehungen so etwas wie Hass-Liebe gibt.

Die Märchen nehmen Kinder insofern ernst, als sie nicht verschweigen, dass Menschen nicht immer nur lieb sind. Gerade Kinder kennen durchaus auch zornige, gewalttätige, chaotische Fantasien oder Ängste vor Alleinsein, Ausgestoßenwerden oder Sehnsüchte nach grenzenlosem Geliebtwerden. In verschlüsselter Form nehmen solche Befindlichkeiten im Märchen Gestalt an. Auf der ungefährlichen Bühne der Fantasie darf man sich mit ihnen auseinandersetzen. Als Spiel, das heißt ohne realistische Konsequenzen. Aber bitte, wir wollen ja nicht zum Kinderpsychologen, sondern in den Märchenwald!

Erzählen und Schauen

Bewährt hat sich das Herauspicken von ein bis zwei Märchen, die beim Besuch als bekannt vorausgesetzt werden können. Also heißt es an den Tagen davor: Vorlesen oder Erzählen. Wie fast überall auf unseren Ausflügen sollte man auch im Märchenwald die Kinder begleiten. Lässt man sie stets alleine rennen, kommt es an den Häuschen meist nur zum hektischen Knopfdrücken und Weiterrennen. Dann wäre besser ein Infotainment-Park besucht worden. Natürlich kann man nicht an allen Stationen das jeweilige Hörspiel komplett verfolgen (die Qualität ist durchaus gut). Das wäre zuviel und dafür ist es im Umfeld an manchen Tagen auch zu unruhig. Doch an ausgewählten ein, zwei Stationen sollte das schon möglich sein. Vielfach nehmen Kinder auch nur Bildeindrücke kommentarlos auf und Tage später wollen sie dann Näheres wissen über „die Frau mit den großen Zähnen und dem Federkissen". Ein Anlass, Tage nach dem Ausflug „Frau Holle" zu erzählen.

Bilder im Kopf

Während Kinder sonst beim Zuhören eigene Fantasiebilder von einer guten Fee oder von einem bösen Riesen entwickeln, prägt jede Vorgabe das „Bild im Kopf". Heute darf man diese kreative Einschränkung vielleicht in Kauf nehmen, weil die Alternative vielfach hieße, mit der Märchenkultur überhaupt nicht mehr in Berührung zu kommen. Die bildhaften Festlegungen sind weniger starr, wenn die szenische Vorgabe nicht allzu perfekt ausgeschmückt ist. Insofern ist die wenig Effekt haschende Präsentation in Altenberg gut geeignet. Die Figuren sind mit einer gewissen Naivität dargestellt. Da ihre Kleidung sie als Vertreter früherer Zeiten ausweist, bleibt auch genügend Distanz zum naturalistisch präsentierten Inhalt.

Am besten durchstreifen wir die Märchenwege gleich zu Beginn des Ausflugs. Zeit für Eis und Autoscooter ist nachher noch genug. Alle Wege sind kinderwagengerecht ausgebaut und somit auch von Rollstuhlfahrern zu nutzen (ist in der Hanglage naturgemäß anstrengend).

Hier eine Themenauswahl für die, die den Besuch zu Hause vorbereiten wollen. Dargestellt sind in Altenberg u. a.: Die Gänsemagd – Rapunzel – Froschkönig – Der gestiefelte Kater – Tischlein deck dich – Schneewittchen – Frau Holle – Rotkäppchen – Schneeweißchen und Rosenrot – Die sieben Raben – Hänsel und Gretel.

Wasserspiele: Im Märchenwaldrestaurant werden jeweils zur vollen Stunde „Wasserspiele" vorgeführt. Kinder sind von der knapp 10-minütigen Licht- und Fontänenromantik gebannt, auch wenn die dazugehörige Musik längst nicht ihren Hörgewohnheiten entspricht. (Offiziell ist der Besuch der Wasserspiele an einen Verzehr im Lokal gebunden.)

▲ Romantik im Märchenwald

Der Dom auf der Kuhweide – Altenberger Dom im Tal der Dhünn

Kinder sind vom Altenberger Dom zunächst irritiert, stellen sie sich unter einer Kathedrale doch eine ganz andere Dimension vor. Lassen wir sie selbst lesen, wie sie einen Zugang zur Anlage im Dhünntal finden können.

Der „Bergische Dom"

Kühe und Kirche

Ein Dom auf einer Kuhwiese? So sieht es jedenfalls aus, wenn wir uns vom Märchenwaldparkplatz dem Altenberger Dom nähern. Vielleicht bist du jetzt enttäuscht. Schließlich kennst du den Kölner Dom und weißt, wie gewaltig hoch dieses Bauwerk über die Stadt hinausragt. Hier ist nun alles anders. Das soll ein Dom sein? Der versteckt sich doch im Tal! Die Hügel, die ihn umgeben, sind allesamt höher als das kleine Türmchen auf seiner Dachmitte. Na, und erst einmal die Umgebung! Von Köln und anderen Städten sind wir Lebendigeres gewöhnt: Dome liegen mitten in der Fußgängerzone. Geschäfte und Restaurants, Parkhäuser und Souvenierbuden umgeben sie. Skater flitzen zwischen den Touristen, und Straßenmusikanten aus aller Welt erhoffen sich einen schnellen Euro.
In Altenberg ist von all dem nichts zu finden. Statt auf einen Hauptbahnhof blicken wir wirklich auf eine Kuhweide, bevor wir in den Dom einschreiten. Außer an Wochenenden ist es sehr, sehr ruhig. Wundere dich nicht, wenn dich diese Stille erst einmal kribbelig macht.

Beten und Arbeiten

Die Menschen, die den Altenberger Dom bauten, wollten genau das: Ruhe statt „action". Für sie war das alles andere als lahm und langweilig. Sie wollten sich auf das konzentrieren, was ihnen wirklich wichtig war: Die Suche nach dem Sinn des Lebens, die Suche nach Gott. Die Stille des Tals am Ufer des Flüsschens Dhünn war dazu der geeignete Ort. Doch ein bequemes

Leben war das nicht. Denn es ging den Menschen nicht nur ums Beten und Singen frommer Lieder, sondern auch um ganz handfeste Arbeit. „Ora et labora" hieß ihr Wahlspruch auf lateinisch, zu Deutsch: „Beten und Arbeiten."
Menschen, die gemeinsam mit anderen nach ganz festen Regeln leben wollen, schließen sich zu Gruppen zusammen. Mönche heißen sie, wenn sie die Suche nach Gott in den Mittelpunkt stellen. Ihre Gemeinschaft nennt sich „Orden" und ihr Zuhause ist das Kloster. Altenberg wurde vom Orden der „Zisterzienser Mönche" gegründet. Hier im Tal stand also neben der großen Kirche ein Kloster. Teile davon sind heute beim Haus Altenberg und in den gegenüberliegenden Restaurantbetrieben zu sehen.

Was wir den Mönchen verdanken

Eine Klosteranlage ist eine kleine Stadt für sich. Alles, was die Mönche zum Leben brauchten, erarbeiteten, züchteten, pflanzten und ernteten sie selbst. Sie haben also nicht nur gebetet und gesungen, sondern Stein auf Stein Altenberg aufgebaut. Ihre Verpflegung bezogen sie von den Feldern rings um das Kloster. Das heißt, der Waldboden musste erst einmal hergerichtet werden, damit auch Getreide und Gemüse auf ihm wuchsen. Und so ist auch die Kuhwiese vor den Dom gekommen. Geh einmal in den Kräutergarten beim Restaurant „Küchenhof"! So etwa – nur viel größer – können wir uns die Klostergärten des Mittelalters vorstellen.
„Bete und arbeite" war schon ein passender Wahlspruch, denn Arbeit („labora") gab es nicht zu knapp. Wie mühsam war es für die Mönche, solch ein Tal, weitab von der nächsten Stadt, bewohnbar zu machen! Und so etwas taten sie an vielen Stellen in Europa. Heute verdanken wir ihnen viele Kenntnisse über Häuserbau, Landwirtschaft, Medizin, Musik, Schrift – all das, was wir Kultur nennen.

Naturschützer des Mittelalters

Die Mönche von Altenberg, die Zisterzienser, verzichteten auf jeden persönlichen Besitz. Dem Einzelnen gehörte praktisch nichts. Er lebte von und für die Gemeinschaft. Über hundert Männer wohnten unter diesen strengen Regeln hier in Altenberg.
Die Arbeit diente nicht der Gier nach persönlichem Reichtum. Das Leben mit Gott war für die Mönche eigentlich ein Leben mit der Schöpfung. So gesehen sind ihre Auffassungen heute gar nicht altmodisch. Denn ihr Tun war nur dann fromm, wenn es auch im Einklang mit der Natur stand.
Umwelt- und Naturschutz sind zwar Begriffe aus unserer Zeit, doch praktiziert wurde beides bereits von den Mönchen.
Wie bedeutsam ihnen das war, erkennen wir auch im Innern des Doms. Hier wurden die oberen Ränder der Säulen („Kapitelle") mit Mustern (Ornamente) aus der Natur verziert. Fast jede Säule zeigt ein anderes Blattmuster. Auch die wichtigsten Steine im Deckengewölbe, die „Schlusssteine", zeigen Pflanzenformen.

Das Altenberger Licht

Extras

Selbst wer Kirchenbesichtigungen sonst langweilig findet, wird sich vom Altenberger Licht faszinieren lassen. Damit ist zweierlei gemeint. Zum einen das wunderbare Leuchten des großen Westfensters über der Eingangspforte, vor allem, wenn am späten Nachmittag die Sonne durch das bunte Glas strahlt. Zum anderen ist das „Altenberger Licht" ein fester Begriff für viele Kinder und Jugendliche der Umgebung. Am 1. Mai jeden Jahres radeln viele Jugendgruppen nach Altenberg, entzünden an der Osterkerze im Dom ein Licht und bringen dieses „Altenberger Licht" in ihre Heimatgemeinden, als Zeichen des Glaubens und der Hoffnung.
Der Altenberger Dom steht übrigens beiden Konfessionen zur Verfügung. Er ist eine der seltenen „Simultankirchen", für Katholische wie Evangelische gleichermaßen.

Altenberger und Kölner Dom – sind sie Geschwister?

Der „Bergische Dom" ist also in manchem ganz anders, als wir es von Domen gewohnt sind. Hat er denn mit dem Kölner Dom gar nichts gemeinsam? Doch, hat er! Beide Bauten wurden fast zur gleichen Zeit begonnen (1248 Köln, 1255 Altenberg). Deshalb zeigen beide auch den gleichen Baustil: die Gotik mit ihren Spitzbögen. Schlanke Säulen ziehen die Blicke nach oben, himmelwärts. Auch stammen beide Dome ursprünglich aus dem gleichen Material: Sandstein aus dem Siebengebirge. Während die Kölner die schweren Brocken nur aus dem Schiff entladen mussten, um bauen zu können, hatten die Altenberger Mönche vom Hafen noch anstrengende 20 km mit Ochsenkarren vor sich.

Bergisch Gladbach

SCHULE WIE ZUR KAISERZEIT – SCHULMUSEUM BERGISCH GLADBACH

EIN SCHULTAG

Stellt euch vor, ihr seid in eurer Klasse und ein neuer Schultag beginnt.
Lehrer kommt herein: „Guten Morgen Kinder!"
Schüler stehen auf: „Guten Morgen, Herr Lehrer."
L.: „Wer war heute Morgen nicht in der Kirche?" Der Lehrer guckt durch die Reihen. Da sich keiner meldet, strahlt er: „Alle waren in der Kirche. So muss es sein Kinder. Wir wollen den Tag mit Gebet, mit einer guten Meinung beginnen. Wir beten!"
Alle: „Lieber Gott, steh mir bei, dass ich fromm und fleißig sei!"
L.: „Hinsetzen! Die Hände sind auf dem Tisch. Die Füße sind mit der ganzen Sohle auf der Erde. Der Rücken ist hinten angelehnt. Die Augen ruhen auf dem Lehrer." Kinder befolgen die Anweisungen.
L.: „Es sollte sich doch noch jemand melden." Ein Junge: „Ich sollte mich melden, Herr Lehrer, da ich nach sechs Uhr noch auf der Straße war."
L. – empört –: „Nach sechs Uhr noch auf der Straße angetroffen? Wie oft habe ich euch gesagt ... Alle zusammen!"
Alle: „Wenn die Abendglocken läuten, sind alle Kinder zu Hause."
L. zum Jungen: „Komm nach vorne! Du kriegst 3 Schläge auf das Gesäß. So geht das nicht. Leg dich über die Bank: Gerechtigkeit, nimm deinen Lauf!" Während der Stock auf den Hosenboden des Jungen knallt, zählen alle Kinder laut mit: „Eins, zwei, drei."
L.: „Hinsetzen! Kinder, wir nehmen die Tafel heraus. Eins, zwei drei."
Die Kinder befolgen das Kommando, greifen in ihren Ranzen nach den Tafeln und legen sie bei „drei" recht geräuschvoll auf die Tische.
L.: „Zu laut! Noch einmal, ganz leise." Dieses Mal ist bei „drei" kein Klappern zu hören.
L. strahlt: „So muss es sein. Nun Griffel und Griffelspitzer vorzeigen! Taschentücher vorzeigen! Fingernägel vorzeigen!" Der Lehrer prüft mit strengem Blick und ist zufrieden. „So, dann können wir schreiben. Wir schreiben heute, was wir in der letzten Stunde in unserem Lesestück gelernt haben." Der Lehrer schreibt in zackigen Bewegungen mit Kreide auf die Tafel.
Lehrer:„Sprecht alle mit!"
Alle:„Auf – ab – auf – ab ..."
Die Kinder schreiben gemeinsam im Takt.
L.: „Wer über die Linie schreibt, der übertritt auch die Gebote."

An dieser Stelle schleichen wir uns aus der Unterrichtsstunde heraus. Wer wissen will, wie es weitergegangen sein könnte, sollte in die alte Dorfschulen nach Katterbach oder nach Bensberg fahren. Oder ist jemand von unserem Bericht so verschreckt, dass er „nein danke“ sagt? Den können wir beruhigen: es ist alles ein Spiel. Hier im Schulmuseum wird Schule gespielt, und zwar Schule, wie sie vor rund 100 Jahren war. Aber unsere Großeltern werden davon etwas noch kennen gelernt haben.

Schule spielen

Der ehemalige Schulrat Carl Cüppers hat im Museum alles zusammengetragen, was mit Schule zu tun hatte: Tafeln, Wandbilder, Rechenhilfsgeräte, Griffel, Tintenfass ... Wer kennt das noch? Setzen wir uns mal in die original alten Schulbänke (jawohl, es gab Bänke, keine Stühle!) und machen eine Unterrichtsstunde „wie in der Kaiserzeit“ mit. Das hört sich nur so streng an, irgendwie ist es auch gemütlich.

Schulklassen können sich im Schulmuseum Bergisch Gladbach anmelden und einen normalen Schultag gegen einen altmodischen eintauschen. Erwachsene dürfen mitspielen. Dann ist das ein bisschen so wie damals auf dem Dorf, als alle Kinder von Klasse 1 bis 8 in einem Klassenraum saßen. An bestimmten Tagen werden Unterrichtsstunden auch ohne Anmeldung für jedermann angeboten.

So sah ein Klassenzimmer vor 100 Jahren aus.

Staunen und Mitmachen – Bergisches Museum in Bensberg

Das Bensberger Museum ist nicht nur wegen seiner Dorfschule einen Besuch wert. Vieles, was zum Leben unserer Vorfahren gehörte, ist hier ausgestellt. Was heißt ausgestellt – es wird vorgeführt. Es ist ein richtiges Vorführ- und Mitmach-Museum. Hier arbeiten Schumacher, Weber, Schmiede oder Bäcker mit den originalen Geräten und Handwerkszeugen der früheren Zeit. Sogar ein kleines Bergwerk ist eingerichtet. Wir bekommen eine Ahnung davon, welche Mühen und Kenntnisse das Leben unserer Vorfahren prägten, als es noch keine Elektrizität und erst recht keine Computer gab. Dumm waren sie keineswegs. Ist es etwa nicht pfiffig, wenn sie die Kraft des Wassers zum Antrieb großer Räder nutzten? Der Elektromotor war noch nicht erfunden, und dennoch vermochten sie den schweren Hammerbalken mittels des „Motors Wasser“ locker in Bewegung zu setzen.

Unser Tipp: Melden Sie sich an, wenn Sie mit einer Gruppe kommen, besonders mit Kindergruppen. Erstens können die Fachleute die alten Gerätschaften fachkundig zum Leben erwecken, zweitens sind die museumspädagogischen Dienste in der methodischen Zubereitung so ausgezeichnet, dass auch Erwachsene gerne etwas dazulernen. Beim jährlichen Museumsfest werden alle Handwerke (sowie die Schule) vorgeführt. Da es sich um ein Freilichtmuseum – wenn auch auf kleinem Gelände – handelt, ist ein angenehmer Wechsel von Drinnen und Draußen, Gehen und Schauen garantiert. Die fehlende Gastronomie wird durch gepflegte Gelegenheit zu Picknick und Selbstverpflegung mehr als ersetzt.

Immer eine Attraktion: Handwerker bei der Arbeit

Nicht zuletzt bietet die Umgebung des Museums einen architektonischen Reiz. Seine Lage am Hang, zu Füßen des Bensberger Rathauses, das als eigenwilliges Betongebirge erbaut wurde. Fachwerkbauten und Beton vermengen sich mit dem historischen Mauerwerk der Burg und der bergischen Hügellandschaft zu spannungsvoller Ästhetik.

Schafsfüße und eine ungewöhnlich Klobrille

Papiermühle Alte Dombach

Also, dass auf diese Idee noch keiner gekommen ist: Eine Sitzung auf der Toilette ist ja meist recht langweilig. Manche nehmen deshalb Comic-Hefte zum Zeitvertreib mit. Nun die grandiose Idee: Man setzt sich auf die Klobrille – und schon beginnt ein Film. Tolle Idee? Im Papiermuseum Alte Dombach ist sie umgesetzt. Der „Toilettenraum“ ist einer der pfiffigen Ausstellungsbereiche, die vom Papier, seiner Herstellung und seinem Gebrauch erzählen. Wir erfahren, dass Papier nicht nur zum Beschreiben, sondern ebensogut zum Verpacken, Dekorieren, Aufsaugen oder Wegwischen benutzt wird. Ganz schön viele Rollen, die ein Einzelner im Jahr so verbraucht.

Natürlich ist nicht nur von Verpackungs- und Hygienepapier die Rede. Akten, Bücher, Zeitungen, Zeitschriften, Spielkarten – es sind tausende von Alltagsdingen, für die wir Papier benötigen. Fast vierhundertmal so viel Papier wie unsere Vorfahren vor 200 Jahren verbraucht jeder von uns. Damals war Papier noch ein Luxusartikel, nur in mühevoller Handarbeit herzustellen. Im Museum können wir diesen Herstellungsprozess selbst nachvollziehen. Wir erfahren, welche Zutaten der „Papierbrei“ benötigt, damit wir später auf ihm schreiben können: Holz und andere Pflanzenfasern, Altpapier und Kleiderlumpen. Und wer hätte gedacht, dass einst Überreste von geschlachteten Schafen eine wichtige Rolle spielten? Ihre Füße wurden ausgekocht, weil man aus den Knochen einen Rohstoffe für einen ganz besonderen Leim gewann, der das Papier reißfest machte.

Mitmachen, Lernen, Staunen

Demonstriert werden auch die Umweltprobleme, die der üppige Papierverbrauch in den Industrieländern macht. Wenn nüchtern vom „Rohstoff Holz“ gesprochen wird, muss man sich vor Augen halten, dass hier von Bäumen und Wäldern die Rede ist. Eindrucksvoll sind die Filmeinspielungen aus Kanada, die gefräßige Maschinen beim „Wegputzen“ einer Waldfläche zeigen. Kinder werden nun noch besser verstehen, warum ihr

Gang zum Papiercontainer ein Dienst für die Umwelt ist. Schließlich hilft Altpapier, den Holzverbrauch zu mindern.

Das Museum heißt zu Recht „Papiermühle“. Mühlen brauchen Antriebsenergie aus der Natur: Wind oder Wasser. Es sind wieder mal die fleißigen Bergischen Bäche, die einer Region Beschäftigung und Brot gaben. Der Strunder Bach war mit seiner regelmäßigen Wasserführung auf dem Lauf von Ost nach West ganz besonders fleißig. Allein auf dem heutigen Bergisch Gladbacher Stadtgebiet trieb er die schweren Räder von über 30 Mühlen an, seit 1614 in der Anlage an der „Alten Dombach“. Seit 1810 wuchs sie zu einer großen Papierfabrik, die erste Papiermaschine Deutschlands kam hier zum Einsatz. Auf dem Außengelände des Museums ist so ein über hundert Jahre altes, 40 m langes Wunderwerk der Technik noch im Originalzustand zu bestaunen. Papiere aus Bergisch Gladbach werden heute als Qualitätsware in alle Welt geliefert.

Unser Tipp: Das Papiermuseum ist für Familien mit Schulkindern mindestens als Halbtagsausflug geeignet. Am besten lernen Große wie Kleine durch eigenes Mitmachen. Das kann man in der Alten Dombach reichlich: Papier schöpfen, mit einer Gänsefeder schreiben, und an jedem dritten Freitag im Monat gibt es eigene Bastelnachmittage für Kinder.

Nach dem sehr anschaulichen und aktivierenden Museumsrundgang bieten die Außenanlagen Gelegenheit zu Spiel, Picknick oder Spaziergang entlang der idyllischen Bachlandschaft. Eine Restauration ist vorhanden.

Papierschöpfen im Mitmach-Museum

Burscheid

Singen und Klingen – die Musikstadt Burscheid

Unmusikalische Menschen gibt es seltener als farbenblinde, sagen Fachleute. Es ist wirklich kaum vorstellbar, dass jemand überhaupt keine Art von Musik mag.

▲ Musizieren hat Tradition im Bergischen. So war es annodazumal.

Mit dem Spielen eines Instruments ist das schon etwas schwerer. Manche sagen scherzhaft, sie spielen schon ganz gut Radio oder CD-Player und lassen damit erkennen, dass sie eigentlich auch ein richtiges Instrument spielen möchten. Doch da erscheinen ihnen die Hürden zu hoch. Wie und wo komme ich daran? Ist das nicht zu schwer? Wie viel muss ich denn da üben? Üben muss man, daran geht kein Weg vorbei. Eine halbe Stunde täglich bringt einen jedoch schon weit. Die anderen Zweifel aber wollen wir hier ausräumen: Es ist nicht zu schwer, und wer will, kommt auch dazu – gerade im Bergischen Land. Deshalb stellen wir hier mal kein Ausflugsziel vor, sondern geben eine Anregung für eine in dieser Region typische Freizeitbeschäftigung.

Burscheid schmückt sich gerne mit dem Beinamen „Musikstadt". Auf viele Bergische Städte passt diese Charakterisierung, existieren hier doch auffallend viele Chöre, Orchester, Blasvereine, Bands und sonstige Musiziergruppen – allesamt keine Profis, sondern Laien. Und weil in Deutschland der älteste dieser Vereine, die „Musikalische Academie von 1812 e.V." aus Burscheid stammt, hat der Zusatz „Musikstadt" hier Tradition. Es waren Menschen aus allen Berufen, die da zusammenkamen. Tagsüber arbeiteten sie in Schreibstuben, Mühlen, Webstuben, vor allem aber in der einst blühenden Burscheider Kleinindustrie, und abends traf man sich beim gemeinsamen Musizieren. Das ist bis heute so geblieben. Burscheider Musiker spielen in der Spitzenklasse deutscher Laienorchester. Manche schafften sogar den Sprung ins Profilager. Die Sinfonische Blasmusik des „Orchestervereins Hilgen" hat mit „Humbtata" wirklich nichts mehr zu tun. Und zugleich sind die Volksfestumzüge in den Ortsteilen ohne die gleichen Bläser undenkbar.

Dass dieser breite Spagat zwischen Karnevalstusch und Sinfonie gelingt, dass sowohl Erwachsene wie Schüler Zugang zum Musizieren für jedermann finden, dafür sorgt heute die „Jugend- und Volksmusikschule Burscheid e. V.". Sie stellt nicht nur die professionellen Lehrer und die

Räumlichkeiten zu erschwinglichen Gebühren, sie leiht auch Instrumente für den Start aus. Denn es ist unsinnig, ein teures Instrument zu kaufen, ehe sich Eignung und Ausdauer des Anfängers nicht wenigstens ein halbes Jahr lang bewährt haben. Zu viele gut gemeinte aber unbeachtete Geschenke unterm Tannenbaum landeten schon auf dem Flohmarkt, und die Freude am Musizieren auf dem Müll. Hier ist eine vorherige Beratung in der Musikschule oder ein Besuch beim jährlichen Tag der offenen Tür (Spätsommer) hilfreich.

Es klappert die Mühle am rauschenden Bach

Die Lambertsmühle

An vielen Stellen dieses Buches ist von „fleißigen Gewässern" die Rede. Sie verschafften den Menschen im Bergischen Arbeit und Brot. Vor Erfindung von Dampf- und Elektromaschinen war die Wasserkraft die wichtigste Energiequelle. Kleine Bäche standen der großen Wupper im Fleiß nicht nach. Beispielsweise der Wiembach. Bevor er in Leverkusen-Opladen in die Wupper mündet, trieben seine Wasser zahlreiche Mühlräder an.

Eins dieser klappernden Holzräder ist mit Hilfe eines Fördervereins wieder in Schwung gebracht worden. Es gehört zur Lambertsmühle, die sich am Oberlauf des Baches tief ins Tal duckt. Sie war die erste von mehreren Wassermühlen, die sich den Wiembach zunutze machten. Im Abstand von 2 km folgen Gerstenmühle und Dürscheider Mühle. Die Lambertsmühle ist hier seit 350 Jahren bekannt. Sie wurde wohl nach einem Herrn Lambert benannt, der hier als Müller tätig war. Auch dessen Nachfolger waren Getreidemüller. Der Letzte war zusätzlich auch noch Bäckermeister. Er hieß Erst Maibüchen, und ihm ist es zu verdanken, dass heute im „Backes" wieder Brot wie anno dazumal gebacken

Die Lambertsmühle im Wiembachtal

werden kann. Denn als er den Mühlenbetrieb 1942 einstellen musste, beschloss er, das Anwesen der Stadt Burscheid zu schenken, damit hier nach seinem Tode ein Heimatmuseum eingerichtet und vor allem den Kindern gezeigt werden sollte, wie ihre Vorfahren einst lebten.

Der „Förderverein Mühle" hat den Auftrag inzwischen umgesetzt und gleich noch mehr daraus gemacht. Die kleine Mühle im Wiehbachtal (bachabwärts heißt es „Wiembach") ist inzwischen international bekannt. Selbst auf dem Umweltgipfel in Johannesburg wurde von ihr gesprochen. Unter der Überschrift „Fortentwicklung wasserwirtschaftlicher Nutzung" wurde hier ein Ökosystem wissenschaftlich fortentwickelt, das Wasser- und Abwasserprobleme lösen kann. Denn in der Lambertsmühle wird nicht nur der Weg „vom Korn zum Brot" gezeigt, auch der umgekehrte Weg ist nachzuvollziehen: „Vom Brot zum Korn". Es geht also darum, was mit dem Brot passiert, wenn unser Körper es verdaut hat und die Überreste dem Kreislauf der Natur wieder zugeführt werden. Die Anlage verfügt über eigene Klärstationen, die das Wasser reinigen und Toilettenstickstoffe kompostieren.

In diesem Museum muss keiner Berührungsängste haben. Die Gerätschaften, die der alte Müller gesammelt hat, dürfen angefasst werden. Und an manchen Tagen duftet es aus dem Backes nach frischem Brot.

Was es sonst noch gibt in Burscheid

Burscheider Bad

Dieses neu errichtete Bad ist eine Attraktion für Groß und Klein. Die ins große Becken eingelassenen Luftsprudeldüsen sorgen für prickelndes Vergnügen. Kleinkinder können bei 33 Grad Celsius im Wasserspielgarten plantschen, Erwachsene werden die gesundheitsfördernden Kneipp-Becken, die Dampfbäder oder das Natursole-Aktiv-Becken schätzen.

Megaphon Kulturzentrum

In der alten Schule des kleinen Straßendorfs im Stadtteil Sträßchen ist mächtig was los. Seit dort das Kulturzentrum Megaphon einzog, läuft hier täglich ein Programm (z. B. Kabarett, Kleinkunst, Film, Jazz), für das die Erwachsenen früher in die umliegenden Großstädte fahren mussten. Und die Angebote für Kinder wie Kinderkino, Hyper-Kids-Disco oder Kinderflohmarkt machen klar, dass auch in der idyllischen Landschaft an der B 51 die Zeit des Dornröschenschlafs längst vorbei ist.

Alle Infos über die Verkehrsämter ab S. 152

Odenthal

Es war einmal
Der Altenberger Märchenwald

Deutscher Märchenwald www.altenberger-dom.de/marwald/mwl.htm
51519 Odenthal-Altenberg / Tel. 02174-404 54
Öffnungszeiten: täglich 9-18 Uhr bzw. bis Einbruch der Dunkelheit
Winter 9-16 Uhr
Eintritt: Erwachsene 4,- Euro, Kinder ab 3-14 Jahre 2,- Euro
Terrassen-Waldrestaurant: im Sommer auch abends als Biergarten geöffnet
Wasserspiele stündlich 9-19 Uhr. Beim Besuch der Wasserspiele wird ein Verzehr im Restaurant erwartet.

Bergisch Gladbach

Schule wie zur Kaiserzeit
Schulmuseum Bergisch Gladbach

Schulmuseum
Kempener Straße 187 / 51476 Bergisch Gladbach-Katterbach / Tel. 02202-842 47
Öffnungszeiten: Di-So 9.30-12 Uhr und n. V.
Mo und in den Schulferien geschlossen
Anmeldungen für Führungen und „historischen“ Schulunterricht: Tel. 02202-555 19
Eintritt: 2,- Euro, Gruppen 1,- Euro

Staunen und Mitmachen
Bergisches Museum Bensberg

Bergisches Museum für Bergbau, Handwerk und Gewerbe
Burggraben 9-21 / 51429 Bergisch Gladbach
Tel. 022042-555 59 / Fax 02202-14 23 40
Öffnungszeiten: Di-So 10-17 Uhr, Mo geschlossen
Eintritt: Erwachsene 2,- Euro, Kinder und Gruppen ab 6 Personen 1,- Euro
Bergisch Gladbach: Museumspädagogischer Dienst (8-12 Uhr)
Tel. 02202-14 24 37

Schafsfüße und ungewöhnliche Klobrille
Papiermuseum Alte Dombach

Rheinisches Industriemuseum
Alte Dombach / 51465 Bergisch Gladbach
Tel. 02202-936 68 23 und 936 68-0 / Fax 02202-93668-21
Öffnungszeiten: Di-So 10-17 Uhr
Eintritt: 3,- Euro, ermäß. 2,50 Euro, Schüler im Klassenverband kostenlos

Burscheid

Singen und Klingen
Die Musikstadt Burscheid

Jugend- und Volksmusikschule e.V.
Postfach 12 42 / 51388 Burscheid

Es klappert die Mühle am rauschenden Bach
Die Lambertsmühle

Lambertsmühle
51399 Burscheid
Öffnungszeiten und Eintrittspreise: Das Heimatmuseum Lambertsmühle ist noch im Aufbau. Besichtigung und Brot-Back-Vorführungen sind für Gruppen auf Anfrage möglich. Nähere Informationen sind vorerst beim Vorsitzenden des Fördervereins zu erfragen: Armin Busche: Tel. 02174-81 47.

Was es sonst noch gibt in Burscheid

Burscheider Bad
Im Hagen / 51399 Burscheid / Tel. 02174-78 78 70
Öffnungszeiten: Mo 14-21.30 Uhr, Di-Fr 7-21.30 Uhr, Sa, So, Fei 8-19 Uhr
Eintritt: Erwachsene 4,- Euro, 8er-Karte 30,- Euro
Jugendliche unter 18 Jahren 2,20,- Euro, 8er-Karte 16,- Euro
Kinder unter 6 Jahren in Begleitung eines Erwachsenen haben freien Eintritt

Megaphon Kulturzentrum
Sträßchen 12 / 51399 Burscheid / Tel. 02174-614 89
Öffnungszeiten: Fr, Sa ab 18 Uhr, Kids-Disco ab 18 Uhr, Live-Club ab 20 Uhr
Booking Office: Tel. 02174-89 22 34 / 0171-750 99 20
Beschäftigungsprojekt Lernen & Arbeiten:
für jugendliche Arbeitslose Mo-Do 8-16 Uhr, Fr 8-15 Uhr
Live auf Sendung aus den Megaphon-Studios Radio-Produktion
Nachrichten, Reportagen und Musik aus dem Kreis, Recherche und Produktion, Termine n. V. Tel. 02174-638 89

6. Das Oberbergische Land

Idylisch gelegen: Schloss Homburg

Engelskirchen

Zuflucht für Menschen und Fledermäuse

Die Aggertalhöhle in Ründeroth

Durch das Dunkel der Höhle streifen Lichtstrahlen. Sie fallen auf Korallenbänke und wundersame weiße Muster an der hohen Decke. Dramatische Musik erklingt. Man glaubt, in einem Film mitzuspielen, der schildert, wie einst die ersten Menschen in die Aggertalhöhle eingedrungen sind. Normalerweise erleuchten Lampen die Hauptwege. Aber bei besonderen Gelegenheiten werden sie für eine Weile ausgeschaltet, z. B. bei den Führungen mit Musik, die einmal im Monat auf dem Programm stehen. Zu den Klängen bewegt sich eine Höhlenforscherin Schritt für Schritt durch das finstere Gewölbe, besteigt vorsichtig eine Wand, erkundet mit Hilfe der Lichtstrahlen, die von der Lampe an ihrem Helm ausgehen, jeden Winkel. Die Besucher sind ganz still, folgen mit den Augen dem hellen Schein, der Rest der Höhle bleibt finster. Die Musik erreicht ihren Höhepunkt, bricht ab. Die Lampen gehen an. Von der Höhlenforscherin ist nichts mehr zu sehen. Sie ist in einem geheimen Weg verschwunden, der abseits der Hauptstrecke für Gäste liegt. Nur 270 von insgesamt 1071 m stehen normalen Besuchern offen. Lediglich Fachleute dürfen sich in tiefe Spalten abseilen und durch enge Gänge zwängen.

▲ Die Forscherin erzählt, wie die Höhle entstand.

In der Aggertalhöhle finden sich, anders als in den unterirdischen Gängen bei Wiehl keine Tropfsteine. Der Grund: Eine mächtige Schicht von Tonschiefer verhindert, dass an vielen Stellen Wasser von oben hereinträufelt und Säulen in vielfältigen Formen wachsen lässt. Dafür können wir in der Aggertalhöhle die Felsgebilde besser sehen und nachvollziehen, wie sich ein Gebirge auffaltet: Denn der Stein wird nicht von den Tropfsteinen verdeckt. Wir erblicken ganze Korallenbänke, die sich vor undenklich langer Zeit (350–390 Mio. Jahren) gebildet haben, als das Oberbergische Land der Karibik glich. Denn dort, wo heute Menschen durch dichte Wälder spazieren, erstreckte sich einst ein tropisches Meer.

Von 1999 an wollen die Höhlenforscher Kindern die Einblicke in die komplizierte Geschichte der Erde noch besser nahe bringen, bei „Geschichtenführungen“ nämlich. Man darf darauf gespannt sein. Schon jetzt laden sie Jungen und Mädchen zu „Schatzsuchen“ ein. Auch dann bleibt die Höhle übrigens dunkel. Die Kinder bahnen sich einen Weg mit Hilfe von Taschenlampen, ein ganz und gar spannendes Erlebnis, das z. B. Geburtstage zu einem unvergesslichen Abenteuer macht. Die Größe der Gruppe ist allerdings begrenzt: auf 14 Steppkes. Schließlich soll in den weitverzweigten Gängen niemand verlorengehen. Mit ganz, ganz viel Glück huscht dann auch eine Fledermaus über die Köpfe der kleinen Entdecker. In größerer Zahl versammeln sich die Flattermänner aber erst zum Winter in den Gewölben. Denn dann halten sie dort ihren Winterschlaf – weil sie dann keine Insekten jagen können. Für die große Ruhe eignen sich die Höhlen, weil sie eine gleichbleibende Temperatur (hier 6–8 Grad Celsius) und eine konstante Luftfeuchtigkeit aufweisen.

Wann die Aggertalhöhle zum ersten Mal von Menschen betreten worden ist, weiß natürlich niemand mehr. Nach den frühesten Berichten soll sie 1773 entdeckt worden sein, andere Quellen nehmen das Jahr 1819 an. Da wird eine „Feckelsberger Höhle“ erwähnt, bei der es sich vielleicht um die Aggertalhöhle handelt. Auf jeden Fall blieb das Innere des Berges lange verborgen. Das lag vor allem daran, dass es schwer war, in die Höhle zu gelangen. Man musste sich durch eine enge gewundene Röhre hinablassen. Ende des vorigen Jahrhunderts wurde jedoch ein Stollen gebaut, der den Zugang erleichterte.

„Pastorengang“

Aus dieser Zeit ist eine lustige Geschichte bekannt: Bergarbeiter räumten Lehm und Geröll aus den Felsspalten, und jede Neuentdeckung war ein Ereignis. An einem dieser Tage hatten sie Glück, denn hinter dem fortgeräumten Lehm tat sich ein neuer Höhlengang auf. Die Arbeiter kamen zum Hof Walbach und meldeten Frau Müller ihren Erfolg. Zur selben Zeit war der befreundete Pastor Meyer-Hermann im Hause anwesend, und er beschloss, die Höhle zu besuchen. Der Pastor war von Statur her jedoch recht beleibt und blieb in dem neuen Höhlengang stecken, denn der Durchschlupf war an der engsten Stelle nur 20–30 cm breit. Nur mit Mühe konnte der Pastor wieder aus seiner misslichen Lage befreit werden. Seither heißt diese schmale Stelle, durch die sich heute noch die Besucher zwängen „Pastorengang“.
(aus der sonst weitgehend hochfachlichen Schrift: Dieter W. Zygowski: *Die Aggertalhöhle in Ründeroth*, herausgegeben vom Verkehrsamt der Gemeinde Engelskirchen).

Das Mineral Aragonit ist eine Besonderheit in der Höhle.

Von 1920 an wurden erste private Führungen veranstaltet und sogar Feste in der Grotte gefeiert, der man den Namen „Muschel- und Felsenhöhle" gab. Erst später wurde sie in Aggertalhöhle umgetauft – um deutlicher zu machen, wo sie liegt. Dennoch fanden nur wenig Besucher den Weg in die Grotte.

Während des Zweiten Weltkrieges diente sie jedoch als Zuflucht vor den Luftangriffen. Ein Zeitzeuge berichtet: „Mit dem nötigsten Hab und Gut (Kinderbettchen, zwei Liegestühle und einer großen Reisetasche) sind wir nachts um 2 Uhr von Hohenstein den Walbachweg entlang zur Höhle gezogen. Es war sehr dunkel, und wir waren ängstlich und aufgeregt, weil Flugzeuge die Gegend erhellten, um sie mit Nachtkameras zu fotografieren. An der Höhle angekommen, wo noch kein Tor vorhanden war, stand ein Posten. Es musste erst entschieden werden, ob wir vier noch in die Höhle konnten, denn es durften nicht mehr als 50 Personen wegen des Sauerstoffverbrauchs eingelassen werden. Meine Mutter aber kannte den Wächter, und nach vielem Bitten durften wir doch noch Unterschlupf nehmen ... Gegen die niedrigen Temperaturen halfen Pelzmäntel und Decken." Klosetts gab es in der Höhle natürlich nicht. Stattdessen verdrückte man sich draußen, vor der Grotte, ins Gebüsch. „Gekocht wurde notdürftig in einem großen Kessel vor der Höhle – wenn was zum Kochen da war. Ansonsten wurden wir von Großmutter Frau Classen mit Brennnessel-Gemüse beköstigt." Weiter heißt es: „Die Höhle selbst durften wir nur verlassen, wenn kein Fliegeralarm war. Aber in der Höhle war für uns Kinder genug Abwechslung: Es wurde Verstecken gespielt, und so lernten wir die engen Seitengänge und Nebenhöhlen kennen. Es war für uns eine richtige Entdeckerzeit! Ich kann mich noch entsinnen – damals war ich acht

Jahre alt, als wir Kinder einer Familie einen mit viel Mühe und Organisationstalent gebackenen Geburtstagskuchen stibitzten. Die Tracht Prügel, die ich damals bekam, vergesse ich bis heute nicht. Aber schön war es doch, die verdutzten Gesichter zu sehen, als kein Kuchen mehr da war: Die Höhlenzwerge hatten sich gütlich daran getan! Ich kann mich noch gut daran entsinnen, dass nachts sehr viele Fledermäuse aus der Höhle flogen – viel, viel mehr, als in der heutigen Zeit. Als am 10. Mai 1945 bekanntgegeben wurde, dass der Krieg beendet sei, sind wir, mit Sack und Pack auf einen Bollerwagen geladen, nach vierwöchigem Aufenthalt in der Höhle, vorbei an amerikanischen Soldaten, zurück zur Pension Feuring am Hohenstein gezogen. Nun wurde nach dem Höhlenleben auf bessere Zeiten gewartet“ (aus: *Die Aggertalhöhle in Ründeroth*).

Unter Spannung – Das Rheinische Industriemuseum

Heute können wir uns kaum noch vorstellen, ohne elektrischen Strom auskommen zu müssen. Er ist für uns ganz selbstverständlich. Wie die unsichtbare Kraft den Alltag revolutioniert hat, können wir in der Außenstelle Engelskirchen des Rheinischen Industriemuseums, in den Mauern der stillgelegten Textilfabrik von Ermen & Engels, sehr gut nachvollziehen.

Dazu begeben wir uns zunächst in den Keller. Den erfüllt Wasserrau-

Wie Strom entsteht, erleben Kinder hier.

schen – über Lautsprecher verbreitet. Tatsächlich können auch Kinder hier an einem Modell erkennen, wie Wasserkraft genutzt worden ist, um mit Hilfe von Turbine und Generator Strom für die Spinnmaschinen zu gewinnen. Ein Sammelteich speicherte das Aggerwasser, um Schwankungen ausgleichen zu können. Aus ihm floss das Wasser, durch Wehre gesteuert, in den (heute trockenen) Turbinenraum. Die Turbinen wiederum trieben über Schwungräder und Transmissionen die Generatoren an. Sie verwandelten die Drehbewegungen in Strom. Den ersten Generator dieser Region kann man im Museum sehen. Bei diesem „Kraftpaket" handele es sich, wie der Katalog erklärt, „im Grunde um einen vergrößerten Fahrraddynamo". Das massive Schwungrad vor ihm entspreche dem Pedal, das bei Wasserkraftbetrieb die Drehbewegung vom „Antritt" der Turbine nebenan erfahre und mittels einer breiten Transmission auf die Achse des „Großdynamos" übertrage. So gerieten auch die Magnete im Generator in Drehung. „Doch was diese in den unbeweglichen und um sie herum kranzförmig angeordneten Spulen bewirken, lässt sich mit den schärfsten Augen nicht verfolgen. Die an den Spulen vorbeistreichenden Magnetpole wandeln die Rotation in elektrische Energie um, letztlich die Strömung des Wassers nebenan in einen Stromfluss kleinster Teilchen, Elektronen genannt."

Der Wuppertaler Friedrich Engels, Vater eines Sohnes, der das „Kommunistische Manifest" mitverfasste, hatte 1837 beschlossen, an der Agger eine Baumwollspinnerei „nach den neuesten und besten englischen Prinzipien" zu errichten. Für den Standort Engelskirchen sprachen neben der Wasserkraft mehrere Tatsachen: Die Grundstückspreise waren niedrig, die „Kunststraße" bildete eine direkte Verbindung zwischen Rhein und Frankfurter Straße, und die Löhne waren in dieser Gegend niedrig. So schrieb Engels senior an seinen Kompagnon Peter Albert Ermen: „Der Arbeitslohn ist für einen kräftigen Mann per Tag 8 Silbergroschen, während er bei uns 14 à 15 Silbergroschen ist. Kinder wird man verhältnismäßig weit billiger und mindestens 30 à 40 Prozent billiger wie bei uns haben können." Die Not der Leute kam Engels also recht gelegen, sehen die armen Bewohner doch „mit Sehnsucht einer neuen Nahrungsquelle entgegen", wie Engels Ermen weiter mitteilte. Tatsächlich sollen die Menschen die Kunde von der Fabrik begeistert aufgenommen haben. Es wird berichtet, „dem Engel hat man bei der Ankunft daselbst die Pferde abspannen wollen, um den Wagen selbst zu ziehen." Doch da wussten die Leute noch nicht, unter welchen Bedingungen sie würden arbeiten müssen. Der Bürgermeister soll dem Landrat gesagt haben, er hätte es in den schlecht gelüfteten Räumen keine Viertelstunde aushalten können. Die jungen Arbeiter verließen die Fabrik mit so bleichen Gesichtern, „dass man in einer anderen Gegend zu sein glaubt".

Wie sich der Alltag der Leute schließlich durch Strom veränderte, beschreiben Materialien des Museums ebenfalls. Hier werden zwei Engelskirchener zitiert, die sich an das bedeutende Ereignis erinnern, als ihr Wohnhaus an das Netz angeschlossen wurde: „Es muss wohl um das Jahr 1919 gewesen sein, ich war damals acht Jahre alt. Wir hatten als Beleuchtung in unserem Haus Kerzen und später eine Tisch-Petroleum-Lampe. Ein viel besseres Licht hatten die später folgenden Karbid-Lampen. Eines Tages ging ‚Im Hof' die Nachricht um ‚Mir kriggen Elektrisch, der Engel maat denn Strom'." Ein anderer: „Ich wohnte auf der Hardt als kleiner Junge. Wir kriegten am Weihnachtsabend Licht, elektrisch Licht! Da war aber der Schalter so hoch, dass wir als Kinder nicht drankonnten. Musste man drehen."

Vor dem Ersten Weltkrieg war elektrischer Strom in Engelskirchen aber noch ein Luxus. Doch bald kamen immer mehr elektrische Geräte in die Haushalte. Und dafür wurde von der Industrie heftig geworben. Sprüche wie „Dame und doch Hausfrau" bemühten sich um Familien, die sich kein Dienstpersonal, wohl aber kleine Elektrogeräte leisten konnten. Ein Werbetext reimt sinnig: „Ich habe ein tüchtiges Mädchen für Alles, die ich nicht entlasse trotz Steuern und Dalles. Sie hilft mir, die Wäsche waschen und glätten, ist immer bereit auch zum Spülen und Plätten. Sie heizt mir behaglich die Diele, die Stuben, sie wärmt mir das Wasser zum Bad für den Buben, kocht treffliche Speisen, macht knusprige Braten. Auch ist ihr noch nie eine Torte missraten." Und so geht es weiter bis zur Auflösung: „Und der Name der Perle? Nicht Minna, nicht Gret. Mein Mädchen für Alles heißt

In der Atmosphärenkapsel kann man nachempfinden, wie sich der Lärm der Fabrik auswirkte.

Elektrizität.“ Trotz aller Bemühungen der Industrie hatten jedoch Anfang der 1960er Jahre erst etwas mehr als die Hälfte aller westdeutschen Haushalte einen Kühlschrank.

Das Museum erklärt endlich, warum die Textilindustrie nach einem enormen Aufschwung nach dem Zweiten Weltkrieg langsam zu sterben begann: In armen Ländern sind die Löhne niedriger. So weichen Unternehmer ins Ausland aus – so wie der Wuppertaler Engels seinerzeit nach Engelskirchen. In den 1970er Jahren schließen die meisten oberbergischen Textilfabriken. Die ehemals mit ratternden Maschinen gefüllten Säle stehen leer. 1979 gibt auch die Firma Ermen & Engels auf. Etliche Maschinen werden an Großeinkäufer veräußert, die sie an den heutigen Standorten der Textilindustrie anbieten. So gelangten Anlagen aus Engelskirchen in die Türkei – da, wo es heute ebenfalls Strom und billigere Arbeitskräfte gibt.

Wanderwege

Extras

Einen schönen Wanderweg (Länge: ca. 12 km) vom Industriemuseum zur Aggertalhöhle beschreibt das Verkehrsamt, dort sind weitere Tourentipps und eine Karte erhältlich.

Unser Ausgangspunkt ist das Industriemuseum. Hier geht der Weg los, links in die Ortsmitte. An der Kreuzung biegen wir rechts ab in die Reckensteinstraße. Nun führt unser Weg über den schönen Edmund-Schiefeling-Platz. Dieser gilt als Zentrum des Ortes. Hier sehen wir noch ehemalige Arbeiterhäuser der Firma Ermen & Engels. Vorbei an dem Brunnen und den Geschäften überqueren wir den Feckelsberger Weg. Über den Parkplatz, am Kinderspielplatz vorbei, führt uns der Weg am östlichen Leppeufer entlang in Richtung Blumenau.

Wir wandern nun durchs Leppetal aufwärts, das von Mischwald und moosüberwachsenen Felshängen umgeben ist. Hier verliefen früher die Gleise der dampfbetriebenen schmalspurigen Kleinbahn von Engelskirchen nach Marienheide. Auf diesem Weg begegnen wir auch Überresten von Hammeranlagen, die seit 1750 zur Veredelung von Eisen gehörten. Der Weg verläuft weiter an der Leppe entlang und führt schließlich über den Fluss hinweg zur Schnellstraße in Blumenau. Wir folgen der Straße nach rechts und biegen nach ungefähr 400 m rechts ab. Zunächst führt uns der Weg durch den Tunnel des Autobahnzubringers. Zur Rettung der Erdkröten, deren Wanderweg genau über die stark befahrene Straße führt, wurde ein Krötentunnel gebaut, den man am Ende der Unterführung erkennen kann.

Nach einem leichten Anstieg biegt man an der Wegkreuzung nach links ab und folgt dem Verlauf des Wanderweges oberhalb des Leppetales. Am Ende des Wanderweges befindet sich der Oelchenshammer.

Unser Weg führt uns nun über den Oelchensweg auf die Ründerother Straße. Wer eine Rast einlegen will, biegt links ab und geht zum Hotel-Restaurant „Zur Post“. Die Übrigen können jetzt rechts ab über die Ründerother Straße nach Schnellenbach gehen. An der Kreuzung findet man für die weitere Wanderung zwei Möglichkeiten:

Weg 1: An der Wegkreuzung Ründerother Straße/Heider Weg geht es rechts ab auf einen Feldweg. Diesem folgen wir immer weiter bis nach Feckelsberg. Danach überqueren wir die Engelskirchener Straße und wandern auf dem Weg A2 durch den Weg zur Aggertalhöhle.
Weg 2: Weiter geradeaus zur Kreuzung Bickenbacher Straße/Dorfstraße. Nach etwa 300 m befindet sich rechts die Einmündung „Im alten Garten". Im Haus „Am alten Garten 2" ist der Bauernladen der Eheleute Wirths. Zu den Öffnungszeiten kann man hier Käse, Quark, Milch, Wurst und sonstige selbst hergestellte Köstlichkeiten kaufen. Danach biegen wir gleich den nächsten Weg von der Dorfstraße rechts ab und wandern bis zu dem kleinen Bach Walbach. Für Naturinteressierte ist zu beobachten, dass dieser Walbach an einer Strecke plötzlich austrocknet. Dies ist eine so genannte Bachschwinde. Das Wasser fließt unterhalb der Erdoberfläche weiter bis zur Agger. Zur Aggerhöhle führt nun der Weg rechts ab immer oberhalb des Walbachs durch den Wald.

Nach dem Besuch der Höhle geht es so weiter:
Von hier aus überqueren wir die Straße Im Krümmel und folgen dem Wanderweg A3 über den Mühlenberg bis zum Hohenstein. An der Kreuzung Walbach/Hohenstein gibt es wieder zwei Wandermöglichkeiten:
Weg 1: Dieser Weg führt uns links durch den Wald (oberer Weg) zum Haldy-Turm (Wanderweg 6). Von hier aus hat man einen herrlichen Ausblick über das schöne Aggertal. Wir wandern weiter bis zur Ortschaft Stiefelhagen und dann hinunter bis zur Agger. Über die Aggerpromenade, oberhalb der Agger durch den Wald, wandern wir zurück bis Ründeroth.
Weg 2: Dieser Weg führt uns durch den Wald hinunter bis zur Agger. Über die Wilhelmsbrücke ist man auf dem Freibadparkplatz angekommen. Hier im Ort Ründeroth sehen wir noch viele alte Fachwerkhäuser sowie die evangelische und katholische Kirche. An der Hauptstraße befindet sich ein Antiquitätetengeschäft, das auch sonntags geöffnet hat.

Zum Abschluss der Wanderung lohnt ein Besuch des Restaurants „Santa Lucia" an der Hauptstraße. Wer des Wanderns müde ist, fährt mit Bus oder Bahn nach Engelskirchen zurück. Haltestellen und Bahnhof liegen in der Ortsmitte.
Wer weiterlaufen mag, geht weiter durch den Ort, vorbei am Millionentor, über die Brücke. Die Treppe hinunter führt uns der Weg am alten Rathaus vorbei immer entlang der Agger. In Höhe des Altenheims überqueren wir erneut die Agger und gehen in Richtung Sportplatz. Zwischen Agger und Sportplatz wandern wir zu Haus Ley. Diese ehemalige Wasserburg wurde erstmals in Urkunden von 1370 erwähnt. Hier überqueren wir nochmals die Agger und wandern etwa 500 m an der Straße entlang. Nun biegen wir rechts auf die Straße Auf der Renn. Ihr folgen wir bis zur Kreuzung Auf der Renn/Schulberg. Hier gehen wir links und überqueren die Olpener Straße. Rechts vorbei an dem Restaurant „Hardter Hof" geht es über Unterkaltenbach und den Miebacher Weg zurück zum Industriemuseum. Für den Abschluss empfiehlt das Verkehrsamt eine Rast im Restaurant „Flurschütz".

Wiehl

In den Bauch der Erde – die Tropfsteinhöhle

Wer sich durch die Tropfsteinhöhle in Wiehl geleiten lässt, kann für einen kurzen Moment das Fürchten lernen: Wenn der Führer alle Lampen ausschaltet, die sonst die Gänge erhellen, dann bekommen wir einen Eindruck davon, was totale Finsternis bedeutet. Gehen wir an einem dunklen Winterabend durch den Wald, passt sich das Auge bald an. Wir sehen zumindest Schatten. Nicht so in der Höhle. Denn in die dringt, gut 30 m unter der Erdoberfläche, kein Lichtstrahl. Und wir können uns vorstellen, wie es war, als Menschen vor langer Zeit finstere Höhlen erkundeten, mit einer Fackel vielleicht, deren flackernde Flamme nur den nächsten, vorsichtig gesetzten Schritt erleichtert.

Kein Wunder also, dass Höhlen den Menschen früher zutiefst unheimlich waren. In vielen Märchen und Sagen galten sie als Zugang zu einer anderen Welt, zum Reich der Toten oder zur Hölle. In den Höhlen, erzählte man sich, sollten Feuer speiende Drachen und Höllenhunde mit glühenden Augen Schätze bewachen. Immer wieder haben sich Abenteurer auf die Suche nach den Schätzen gemacht, gefunden haben sie meist nur den Tod; sie stürzten im Dunkel ab. Tatsächlich haben jedoch Menschen z. B. in Kriegen wertvolles Gut in Höhlen vor dem Feind versteckt, und auch Räuber lagerten dort ihre Beute.

▶ Auch heute sind Höhlen noch ein bisschen unheimlich.

Sogar Zeus soll in einer Grotte geboren worden sein.

In den Alpen fürchtete man den „Tatzelwurm". Nach einem Gewitter glaubten die Anwohner sein Brüllen zu hören, und im Winter schien es, als dringe sein Atem als Dampfwolke aus den Spalten in der Erde. Später wusste man: Das Brüllen und Fauchen rührte von tosenden Wassermassen her, und der „Atem" von warmer, feuchter Luft, die nach einem Wechsel des Luftdrucks aufsteigt. Aber in Grotten sollten auch Hexen ihr Unwesen treiben, Riesen, Zwerge, Kobolde und Feen hausen, ja, sogar Götter ihren Wohnsitz haben: So soll der griechische Göttervater Zeus in einer Grotte geboren worden sein.

Mit den Tropfsteinhöhlen hat es eine eigene Bewandnis. Lassen wir uns durch die Wiehler Grotte, die größte Tropfsteinhöhle des Rheinlandes, führen, erfahren wir zunächst, dass die Erde über uns vor etwa 400 Mio. Jahren von einem Meer bedeckt war: In einer Wand entdecken wir Ablagerungen von versteinerten Muscheln, runden und länglich-gerillten, die aussehen wie Schrauben. Und versteinerte Korallen. Sie weisen darauf hin, dass das Meer warm war, denn Korallen gedeihen nur in Wasser, das mindestens 20 Grad Celsius misst. Das Meer kann auch nicht tief gewesen sein, denn Korallen fühlen sich nur in flachem Wasser bis höchstens 40 m Tiefe wohl.

Schließlich geben uns die Korallen Auskunft über die Art des Gesteins: Kalk, der aus den Schalen von Tieren wie Korallen und Seelilien entstanden ist. Die Kalke bilden in dem Paffenberg – in ihm liegt die Wiehler Tropfsteinhöhle – ein Nest inmitten von mächtigem Sandstein und Tonschiefer. Als das Meer sich schon lange verzogen hatte, wurde die Höhle schließlich trocken. Doch schon begann Regenwasser durch Spalten und Klüfte einzusickern. Regenwasser ist kein reines Wasser. Jetzt folgt ein bisschen Chemie: Aus der Luft nimmt das Regenwasser das Gas Kohlenmonoxyd auf und wird dadurch zu einer schwachen Säure, der Kohlensäure. Den Geschmack von Kohlensäure kennen wir vom Mineralwasser. Beim Öffnen der Flasche entweicht ein Teil des Gases in Form von Bläschen. Noch mehr Kohlenmonoxyd nimmt das Regenwasser auf, wenn es durch die Erde sickert, denn dieses Gas entsteht auch, wenn sich Pflanzen zersetzen.

Kohlensäure kann den Kalkstein auflösen. Und das Regenwasser nimmt den aufgelösten Kalk mit, wenn es durch Spalten in die Höhle träufelt. Dort passiert dann folgendes: Jeder Tropfen, der an der Decke der Grotte hängt, gibt Kohlendioxyd an die Höhlenluft ab, verdunstet also einen Teil der Flüssigkeit und hinterlässt einen dünnen Kalkfilm, der im Laufe der Zeit immer dicker wird. Schließlich hängt von der Decke ein langer Tropfstein, ein Stalaktit-Kalkzapfen. Aus den Tropfen, die auf dem Boden zerplatzen, bilden sich von unten nach oben so genannte Stalagmiten. Ein Stalaktit wächst in hundert Jahren um 1 cm, ein Stalagmit braucht dafür tausend Jahre. Deshalb ist es schade, dass Besucher der Tropfsteinhöhle Spitzen von solchen Kunstwerken der Natur abgebrochen haben. Im Laufe der Jahrtausende nähert sich der Stalaktit von der Decke dem Stalagmiten, der sich nach oben aufbaut. Ist der gelöste Kalkstein rein, dann sind die Tropfsteine meist weiß, enthält er Eisen, sind die Tropfsteine gelb gefärbt. Die Tropfsteine haben ganz unterschiedliche Formen entwickelt. Wer Fantasie hat, erkennt eine Gruppe von Murmeltieren, einen Eisbären, den Elefantenkopf und ein ganzes Märchenschloss, aber auch eine Orgel, Wasserfälle, die Zähne des Weißen Hais oder Reißverschlüsse. Wo das Wasser nicht nur aus einem Loch an der Decke kommt, sondern gleichmäßig aus einer längeren Spalte, entstehen beispielsweise dicke Vorhänge oder feine Gardinen. Unser Führer berichtet uns, die Entstehung der Figuren habe etwa 460 000 Jahre gedauert. Wir sehen auf unserem Weg aber auch wunderschön glitzernde Bergkristalle und Brunnen. Schließlich erfahren wir noch, dass die Luft hier drin sehr gesund ist. Kinder mit Keuchhusten oder Erwachsene mit Asthma fänden hier schnell Erleichterung. Und wir hören, dass die Temperatur immer gleich

▲ Bizarre Tropfsteine

bleibt, ob draußen krachende Kälte oder brütende Hitze herrscht: Sie beträgt 8 Grad Celsius. Noch etwas: Mit etwas Glück sehen wir auch Fledermäuse – sie nutzten die Höhlen als Winterquartier und tagsüber als Schlafplatz. In der Dämmerung jagen sie draußen nach Insekten. Wir erinnern uns, wie sie sich in der Dunkelheit zurechtfinden: Sie setzen eine Art Radar ein. Während des Fluges stoßen sie kurze Schreie aus, die eine so hohe Frequenz (Schwingungszahl) haben, dass der Mensch sie nicht hören kann. Die Echos werden von den Hindernissen zurückgeworfen, und die Fledermäuse fangen sie mit ihren großen Ohren auf. So peilen sie sogar Insekten an. Fledermäuse haben einen gewaltigen Appetit: Sie fressen pro Nacht etwa die Hälfte ihres Körpergewichtes an Insekten.

Haben wir die Höhle verlassen, können wir, ebenfalls hungrig, im nahen Waldhotel lecker essen oder noch einen schönen Waldlehrpfad genießen. Er ist 1,8 km lang und führt an einem Wildgehege entlang. In dem haben die Tiere viel Platz und werden artgerecht gehalten. Hier finden wir unter anderem Rotwild, Waldschafe und Wildschweine, aber keine Rehe. Die sind zu scheu. Wer die Tiere füttern möchte, sollte eine Tüte am Kiosk der Tropfsteinhöhle kaufen.

Unser Tipp: Wenn das Wetter durchwachsen ist, sind wir hier ganz allein. Und der Spaziergang tut doppelt gut.

Natürlich bietet sich die ganze Umgebung für Wanderungen an (Tourenkarte bei der Tourist-Information, Tel. 02262/991 95).

Im Licht der Strahler entsteht eine „Lampenflora“.

Waldlehrpfad und Wildgehege

Extras

Wir können Waldlehrpfad und Wildgehege mit Hilfe einer Rallye genauer erkunden.
Fragen:

1. Wie heißt das junge Tier des Rotwildes?
2. Wie heißt das weibliche Tier des Rotwildes?
3. Wie viel Kilogramm Nahrung nimmt Rotwild täglich ungefähr zu sich?
4. Hainbuchen wurden früher oft als Grenzbäume genutzt. Was finden wir stattdessen heute?
5. Wofür ist Totholz wichtig?
6. Die Erle galt einst als unheimlicher Baum. Warum?
7. Wie alt kann eine Kiefer werden?
8. Wie heißt das männliche Tier beim Waldschaf?
9. Woher kommen die Wörter „Buchstabe" und „Buch"?
10. Für welche Jahreszeit war die Birke ein Symbol?
11. Was kostet im Waldhotel neben der Tropfsteinhöhle das Kindergericht „Bambi"?

Was es sonst noch gibt in Wiehl

Eissporthalle

Grillplatz

Inline-Skaten

Skaten können Kinder während des Sommers (Mai–Ende August) in der Eissporthalle Wiehl.

Jugendherberge

Kultur für Kids

Museum „Achse, Rad und Wagen"

Das Museum der BPW Bergische Achsen Kommanditgesellschaft zeigt anschaulich auf mehr als 1000 m² Ausstellungsfläche die rund 5 500-jährige Entwicklungs- und Fertigungsgeschichte des Wagens. Zu bestaunen sind 2 000 bis 4 000 Jahre alte Bronze- und Keramikmodelle von Plan-, Streit- und Kultwagen, Kinderkutschen, Kutschen und Ackerwagen des 17. bis 20. Jahrhunderts und mehr als 50 000 Werkzeuge des Stellmachers, Schmieds und Sattlers. Besucher bekommen auch einen umfassenden Einblick in die Geschichte des Rades – vom Scheibenrad aus einem Holzstück bis zum Speichenrad.

▼ Kutschen und Wagen

Postkutschenfahrt

Unterwegs wie in alten Zeiten

Zwischen Nümbrecht und Wiehl verkehrt freitags, samstags und sonntags zwischen Mai und September (bei lebhafter Nachfrage auch bis Oktober) die Bergische Postkutsche. Von den beiden Zielorten, aber auch von den Haltepunkten Schloss Homburg und Wiehler Tropfsteinhöhle erreicht man bequem den Ausgangspunkt mit Linienbussen.

Die Strecke: Nümbrecht, Spreitgen, Bierenbachtal, Hübender, Wiehl. In umgekehrter Richtung: Wiehl, Tropfsteinhöhle, Abbendroth, Stockheim, durch den schattigen Hochwald nach Holsteinsmühle und über Homburg-Bröl nach Nümbrecht. Beide Fahrtstrecken betragen rund 11 km. Der Postillon in historischer Uniform erklärt unterwegs Sehenswertes. Die Postkutsche, ein Nachbau der kaiserlichen Post um 1871, hat 9 Sitzplätze.

Solarfreibad in Wiehl-Ortskern mit 54-Meter-Rutsche

Beheiztes Freibad Wiehl-Bielstein

Hallenbad Wiehl-Bielstein

Wiehlpark

Entlang der Wiehl gelangt der Besucher über eine Holzbrücke in den großzügigen Wiehlpark. Kinder plantschen im Sommer in einem Pontonteich, toben auf Spielwiesen oder auf dem Abenteuerspielplatz. Während der Sommermonate können sie auch Ponyreiten. Außerdem kann man Minigolf, Basketball oder Tischtennis spielen, Fahrräder oder Kinder-Elektro-Karts ausleihen, auf einem überdachten Platz grillen oder den Heißluftballons beim Start zusehen.

Nümbrecht

Die Untertanen mussten zahlen – Schloss Homburg

Hoch über uns erhebt sich, umgeben von einem Mauerring, Schloss Homburg. Bevor wir das in ihm untergebrachte Museum des Oberbergischen Kreises besichtigen, werfen wir einen Blick auf das „Rote Haus", wegen seiner Farbe so genannt. Dort, in dem ehemaligen Wirtschaftsgebäude des Schlosses, mussten die Bauern früher den „Zehnt", also die Steuern, abgeben. Sie bestanden meist aus Getreide oder Produkten von Tieren. Heute ist hier die „Biologische Station Oberberg" untergebracht, die sich dem Naturschutz verpflichtet hat.

Die Untertanen waren oft nicht gut auf den Landesherren zu sprechen. Denn der nutzte sie kräftig aus. So war es für ihn ganz selbstverständlich, dass die Bauern ihm die Jagd möglichst bequem gestalteten. Sie waren zur „Jagdfron" verpflichtet, mussten z. B. das Wild treiben und Jäger wie Jagdhunde verpflegen. Die Adeligen hatten merkwürdige Freizeitvergnügungen. So fingen sie auch Vögel. Die einfachen Leute taten es ihnen schließlich offenbar nach, denn wilden Vögeln wurde im Oberbergischen noch bis in unser Jahrhundert hinein nachgestellt. Die Leute haben sie mit „Leimruten" gefangen und verkauft. Als „Bergisches Quartett" in Elberfeld und Barmen recht beliebt waren z. B. Zeisige, Hänflinge, Distelfinken und Buchfinken. Das alles erfahren wir bei einem Rundgang durch das Museum in Schloss Homburg. Dort sehen wir aber auch Ritterrüstungen und Waffen, etwa eine Armbrust, Möbel, Hausrat und die Burgküche mit einem großen Rauchfang. Der Museumsdienst bietet mehrere thematische Führungen an, beispielsweise zu „Baugeschichte", „Ritterlicher Kultur", „Hauswirtschaften in der Bergischen Küche" (auch als Tastweg für sehbehinderte und blinde Besucher) – oder eben „Die höfische Jagd".

▼ Schloss Homburg

Vom Korn zum Brot

Neu eingerichtet wurde und wird eine schöne „Ausstellung zur Geschichte des Oberbergischen Landes“ im Forsthaus. Dort bekommen wir einen Einblick in jene Zeit, als das westliche und mittlere Europa bis nach Nordamerika und Nordafrika von einem Meer bedeckt war. Davon zeugen Versteinerungen. Kinder bestaunen vor allem die verschiedenen Szenarien, die Lebensräume anschaulich machen. Da ist das mächtige ausgestopfte Wildschwein, sind die lebendig wirkenden präparierten heimischen Vögel wie Kuckuck, Amsel, Elster und Eichelhäher. Und ein Schmelzofen erinnert an den Erzbergbau in der Region. Im Obergeschoss finden wir noch plastische Darstellungen der Landwirtschaft und das Modell eines Bauerngartens. Sie wollen zu einem sorgsamen Umgang mit der Natur ermahnen. Diese Schauräume sind sehr liebevoll und kindgemäß gestaltet.

Ursprünglich war dort, wo heute das Schloss steht, eine mittelalterliche Höhenburg. Sie gehörte den Grafen von Sayn. Die Adeligen benutzten Schloss Homburg oft als Witwensitz. Von 1635 an wurde die mittelalterliche Burg, Sitz einer eigenständigen Herrschaft, zu einem Barockschloss umgebaut. Zeitweise hat sie wahrscheinlich sieben Türme gehabt, davon sind drei erhalten geblieben. Ende des 18. Jahrhunderts und vor allem später verfiel das Schloss, bis hier das Museum entstand.

Mittelalterlicher Markt

Extras

Um den 1. Mai herum laden die Marktleute von Kramer, Zunft und Kurtzweyl zu einem deftig-unterhaltsamen mittelalterlichen Markt unter der Burg ein. Das fahrende Volk wartet mit Handwerkern, Gauklern, Händlern, Musikanten und vielen skurrilen Figuren auf. Eine äußerst vergnügliche Angelegenheit, zumal die Truppe wirklich viel vom Mittelalter versteht – und die Besucher mit wundersam fremd klingenden Worten anspricht. Da sagt kein Händler einfach „Tschüß“. Ein „gehabt Euch wohl“ ist das Mindeste.

Weihnachtsmarkt

Ein weiterer Markt findet am zweiten Adventswochenende statt. Museumsmitarbeiter und freiwillige Helfer des Fördervereins Schloss Homburg bieten an, was früher zum Weihnachtsfest gehörte: Oblaten, Zinnschmuck, Noten, Nussknacker, historische Postkarten. Während der Sommermonate gibt es eine kammermusikalische Konzertreihe.

Vom Korn zum Brot

Vor einigen Jahren ist ein kleines Freilichtmuseum eingerichtet worden. Am Fuß der Schlossanlage finden wir eine historische Säge- und Malzmühle sowie eine Bäckerei aus dem 18. Jahrhundert. Bei speziellen Aktionen und Führungen kann der Weg des Getreidekornes aus dem museumseigenen Garten über die Mühle bis zum „Backes" verfolgt werden. Schließlich dürfen Gäste das fertige Produkt, ein kräftiges Steinofenbrot, probieren.

Programm für Kinder

Interessant ist das museumspädagogische Angebot für Schulklassen, etwa zu den Themen „Mittelalter" und „Steinzeit". Darüber hinaus existiert ein Kinderprogramm mit Bastelspaß. An der Kasse erhältlich sind auch Unterlagen für eine Rallye und ein Mühlenquiz.

Wandern

Die Umgebung lädt zum Wandern ein. So kann man vom Schloss zu den „Dicken Steinen" gehen (Wegweiser) und gelangt zu riesigen Quarzitblöcken aus dem Devon (vor 350 Mio. Jahren). Der Wanderweg um den Schlossberg hat die Markierung 8.

Was es sonst noch gibt in Nümbrecht

Aussichtsturm

Der Aussichtsturm auf dem „Lindchen" ist 134 Stufen oder 30 m hoch.

Das Ökodorf

Das ökologische Dorf Benroth liegt etwa 5 km von Nümbrecht entfernt. Ein Besuch lohnt sich vor allem von Mai bis Oktober.

Minigolf

Minigolf kann man im Kurpark spielen.

Abstecher nach Marienheide

Das Haus der Geschichten. In einem Haus wird ein Jahrhundert Geschichte erzählt.

Lindlar

Ackergäule ziehen den Pflug – Das Bergische Freilichtmuseum

Häuser sind hier im Original wieder aufgebaut worden.

Am Heiligen Abend oder auch einen Tag vorher werden in unseren Wohnungen die Möbel gerückt, damit der Christbaum Platz hat zwischen Bücherwand, Fernsehgerät und Couch. Bis zum Dreikönigstag wird es denn auch ganz schön eng in kleinen Wohnzimmern. Als Mariechen Thiemann noch ein Kind war, gab es in dem Haus ihrer keineswegs reichen Eltern gleich drei Wohnzimmer: erstens die Werkstatt mit dem Bandwebstuhl, in der alltags nicht nur gearbeitet, sondern auch gegessen, geklönt und Besuch empfangen wurde; zweitens die „gute" Stube für Sonn- und Feiertage – und dann noch die „beste" Stube für die höchsten Feste. Die beste Stube wurde denn auch „Weihnachtszimmer" genannt. Kinderzimmer hingegen waren damals unüblich. Mariechen schlief, bis sie ein großes Mädchen war, mit im Bett ihrer Eltern. Und das scheint mit 1,20 m Breite schon zu schmal für zwei Menschen.

Wie Mariechen Thiemann früher wohnte, werden noch die Enkelkinder unserer Kinder nachempfinden können. Denn das Bandweberhaus, in Ronsdorf während der ersten Hälfte des 19. Jahrhunderts gebaut, ist Stein für Stein abgetragen und im Bergischen Freilichtmuseum Lindlar wieder aufgebaut worden. Weil die alte Dame bis zu ihrem Umzug in ein Altersheim sorgsam auch alle Hinterlassenschaften ihrer Familie getreulich aufbewahrte, ist es zudem mit den original Möbeln, Arbeitsgeräten und sogar Kleidungsstücken ausgestattet.

Das damals noch selbstständige Rondorf, das heute zu Wuppertal gehört, war seit der zweiten Hälfte des 18. Jahrhunderts ein bedeutendes Zentrum der bergischen Bandweberei. Die Familie Thiemann hatte sich auf die Herstellung von seidenem Herrenhutband spezialisiert. 29 Jahre lang stotterte August Thiemann, Mariechens Vater, seinen Bandstuhl ab, bis er ihm 1889 gehörte. Er arbeitete selbstständig im Auftrag für verschiedene Fabrikanten. Gezahlt wurde nach laufendem Meter des Bandes, das Thiemann ablieferte. Im Vergleich zu vielen notleidenden Webern im engen und bevölkerungsreichen Wuppertale hatten die Thiemanns offenbar ihr Auskommen. Das kann man aus der Einrichtung der „besten" Stube schließen. Die Möbel, von Mariechens Großeltern übernommen, sind aus wertvollem Kirschbaum geschreinert. Und auch der Garten, der in Lindlar genauso angelegt worden ist, wie er einmal war, weist darauf hin, dass die Familie sich bescheidene Annehmlichkeiten leisten konnte. Denn da werden nicht nur nützliche Gemüsesorten wie Kohl, Bohnen, Karotten, Zwiebeln, Erbsen und Heilkräuter für den eigenen Bedarf gezogen. Sondern es wachsen auch Zierpflanzen wie das Tränende Herz, Eisenhut und sogar Rosen.

Besucher bekommen hier viele Anregungen für die Anlage eines heimischen Gartens. Und das gehört zum Konzept des Freilichtmuseums.

Begegnungen mit dem landlichen Leben.

Denn dessen Ziel erschöpft sich keineswegs darin, Vergangenes zu retten und auszustellen. Es will darüber hinaus dazu ermuntern, Umwelt und Natur bewusster wahrzunehmen und schließlich die eigene Umgebung ökologisch sinnvoll zu gestalten.

Denn die Ökologie steht im Mittelpunkt dieses Freilichtmuseums. Es zeigt, wie die Menschen einer Region, des Bergischen Landes, durch ihr Arbeiten und Leben die Natur und Landschaft beeinflusst haben. Und das macht dieses Freilichtmuseum so wertvoll. Die museumspädagogischen Angebote unterstützen das Anliegen hervorragend. Kinder haben die Möglichkeit, bäuerliche Kultur mit allen Sinnen zu erfahren und schätzen zu lernen.

Das gesamte Lingenbachtal ist zu einem großen Museum geworden. Es wurde seit 1989 Schritt um Schritt in einen Zustand zurückversetzt, der einer typischen Landschaft des Oberbergischen beziehungsweise Rheinisch-Bergischen im 19. Jahrhundert entspricht. Zuvor begradigte Bäche können sich nun wieder durch feuchte Wiesen winden. Wildkräuter wurden gepflanzt oder siedelten sich von selbst wieder an. Am Waldrand neu gesetzt worden sind Schlehe, Schwarzer Holunder, Brombeere und Himbeere.

Vor allem aber wurde die Landwirtschaft den einst geltenden Bedingungen angepasst: Man brachte die Äcker auf jene Größe, die für die damalige Zeit typisch war; infolge der Realerbteilung bekam jedes Kind den gleichen Anteil, somit waren die Flächen immer kleiner geworden.

Der Ackergaul zieht den Pflug.

Das Gelände wird auch so bearbeitet, wie es damals geschah: Kaltblutpferde und Rinder ziehen Egge und Pflug. Das Gerät ist ebenfalls alt. Angebaut werden Roggen, Hafer, Kartoffeln und Klee. Und zwar im Sinne der „Fruchtwechselwirtschaft". Zuvor hatten sich die Bauern an die „Dreifelderwirtschaft" gehalten: Auf ein Jahr Brache, also eine Ruhezeit ohne Anbau, folgte in regelmäßigem Wechsel je ein Jahr Winterroggen und ein Jahr Hafer. Dann musste das Feld erneut brach liegen, damit der Boden genug Nährstoffe ansammeln konnte. Als man erkannte, dass Klee oder Wicken dem Boden helfen, Stickstoff anzusammeln, konnte auf die Brache weitgehend verzichtet werden. Die Landwirte gingen in der Mitte des 19. Jahrhunderts zur Fruchtwechselwirtschaft über: Nach Kartoffeln und Rüben – beide beanspruchen den Boden sehr – kamen z. B. Klee und die wenig anspruchsvollen Getreide Roggen und Hafer. Roggen, Hafer und Kartoffeln bildeten damals die wichtigsten Lebensmittel im Bergischen Land.

Und schließlich sind ganze Häuser und Scheunen von ihren ehemaligen Standorten hierher versetzt worden. Anders verhält es sich mit dem Weiler Steinscheid, der hier bereits war. Ein Weiler ist eine Gruppe kleiner Höfe, von denen die Bewohner am Ende nicht mehr leben konnten; von dem Weiler Steinscheid blieben nur der Hof Peters und das Haus Helpenstein. Beide bilden heute den Kern des Freilichtmuseums.

Auseinandergenommen und verpflanzt worden sind hingegen unter anderem das Bandweberhaus, die Schmiede aus Lindlar und die Gaststätte Römer. In der Regel werden, anders als beim Bandweberhaus, die Häuser in den Ecken auseinandergeschnitten, ihre ganzen Wände auf den Tieflader gewuchtet und ins Museum gebracht. Bei diesem modernen Verfahren bleiben Spuren des Gebrauchs erhalten. So zieren Originaltapeten mit Original-Nikotin-Geruch die Gaststätte Römer, und auch der Ruß an der Decke der Schmiede ist echt. Alle Gebäude sind so ausgestattet, wie es einer bestimmten historischen Spanne entspricht. Die Museumsleute nennen das „Zeitschnitt". So finden sich in der Gaststätte Möbel und viele Kleinigkeiten aus den Jahren um 1900: eine Jugendstiltheke mit Zapfaufsatz aus Porzellan, eine Schnapspumpe, die den Branntwein aus dem Keller nach oben beförderte, Glaskästen mit präparierten Tieren und schmale Buchenholztische. Die sind so oft mit Quarzsand gescheuert worden, dass die Platten nur mehr ein Drittel so dick sind wie ursprünglich.

Das Freilichtmuseum ist noch lange nicht fertig. Es sucht übrigens Spender, die das Projekt unterstützen.

Seminare

Das Freilichtmuseum ist ständig mit Leben erfüllt. Denn Gärten und Äcker müssen bestellt, die Pferde, Rinder, Schafe, Schweine und Gänse versorgt werden. Vor allem mittwochs und samstags können Besucher bei verschiedenen Arbeiten zusehen. Darüber hinaus bietet das Bergische Freilichtmuseum Seminare an, die dazu anregen wollen, alte Wirtschaftsweisen und Handwerke selbst aufzugreifen. Da kann man z. B. lernen, wie Bauerngärten anzulegen sind oder Obstbäume zu schneiden sind, wie man mit der Sense mähen oder Früchte einkochen kann, Gerichte aus Wildkräutern zubereitet oder Wolle filzt.
Interessenten fordern telefonisch die kostenlose Broschüre an.

Museumspädagogische Angebote

Umfangreich und hervorragend sind die museumspädagogischen Angebote für Schulklassen sowie Kinder- und Jugendgruppen. Dazu gibt es ein eigenes Faltblatt *Museumspädagogik*. Die Themen: Ökologie, bäuerliche Arbeit, Handwerk und Naturmaterialien. So können die Kinder Kräuter sammeln und verarbeiten – zu leckeren Gerichten, Kosmetik oder Heilmitteln. Sie erkunden mit Lupe und Kescher Tiere und Pflanzen, entdecken in Workshops die Arbeitswelt der Landbevölkerung in früheren Zeiten (Wie behalf man sich ohne Strom?), üben sich in Lehmbau, Brot Backen, Filzen, Töpfern, Seilerei, Körbeflechten oder Weben. Einige Angebote eignen sich auch für Kindergeburtstage (zwei Stunden für maximal zwölf Kinder 77,- Euro). Außerdem gibt es Erlebnisspaziergänge. Schulklassen oder Kindergärten können auch mehrere Tage im Museum verbringen und in der Schlossherberge Heiligenhoven übernachten.

Jahres-Highlights

Unter anderem: Tierkinder, Bauernmarkt, Räucherfest, Mundarttheater. Jahresprogramm anfordern.

▲ Erlebnisse am Bach

Ökologische Seminare für Familien mit Kindern

Ein tolles Programm – Themenbeispiele: Filzen, Ostereier färben mit Naturfarben, Brotaufstrich mit Wildkräutern, malen mit Naturfarben, Tierfiguren für Haus und Garten töpfern, Perlen und Schnüre aus Filz, Bilder weben mit Naturmaterialien, Korbflechten. Preisbeispiel: Filzen, drei Stunden für einen Erwachsenen mit bis zu zwei Kindern 25,- Euro. Broschüre „*Ökologische Seminare*“ anfordern.

Ganz schön dicke Brocken – Besuch bei den Steinhauern

Lindlar ist im wahrsten Sinne des Wortes „steinreich". Und das seit Jahrhunderten. Denn in seiner Geschichte spielt der Naturstein eine große Rolle, die so genannte Grauwacke. Aus ihm wurden schon vor fast tausend Jahren Kirchen gebaut, Brunnen gesetzt und Böden für Ställe und Dielen der alten Bauernhäuser gelegt. Die Menschen bauten anfangs nur den weicheren Stein ab, gerieten sie an härterte Schichten, zogen sie weiter.

Mächtige Sägen zerteilen die Steine.

Grauwacke ist vor undenklich langer Zeit entstanden: im Erdaltertum, also vor 350 bis 380 Mio. Jahren. Ein Wissenschaftler, der in Lindlar zu Besuch war, hat diese Spanne einmal so beschrieben: Wenn wir sie mit einem Film vergleichen, der normale eineinhalb Stunden dauert, dann macht die Zeit von Christi Geburt bis heute gerade mal 12 Sekunden aus. Wir wissen nicht, ob das mal jemand nachgerechnet hat. Aber wir glauben, es könnte stimmen. Das war jene Zeit, in der sich ein Meer erstreckte, wo sich heute Berge erheben. Bis heute finden wir in der Grauwacke kleine Muscheln und Holzversteinerungen. Wer sich – Hammer, Meißel, Gummistiefel und einen Rucksack für die Fundstücke nicht vergessen – auf eine solche Schatzsuche begeben will, meldet sich zu einer Führung in der Lindlar-Touristik an. Denn alleine darf man nicht in den Steinbruch, das wäre zu gefährlich.

Wir beginnen unseren Weg zu einem der Steinbrüche an der Lindlar-Touristik, vor der drei große alte Lindenbäume stehen. Eine Mitarbeiterin der Stadtverwaltung begleitet uns und zeigt uns zahlreiche Bauten aus Grauwacke wie die Kirche St. Severin, aber auch Wegekreuze, von denen es sehr viele in Lindlar gibt, und ein Ehrenmal. Der Stein ist aber keineswegs immer grau, sondern je nach Zusammensetzung auch bräunlich.

Wir gelangen zu einem Steinbruchbetrieb in dem Brungerst nördlich von Lindlar. Dort gucken wir uns an, wie die mächtigen Brocken mit speziellen Wasser gekühlten Sägen, deren Schnittfläche mit ungemein harten Industriediamanten besetzt ist, zerkleinert werden. An der Decke hängen Kräne, die locker 10 t heben können. Kinder dürfen dann auf der Abbruchhalde Versteinerungen aus den Brocken schlagen. Und sie werden sofort fündig.

Erwachsene folgen dem Führer vorbei an Ginster und Brombeerhecken, zu der Grube selbst. Der Blick in dieses riesige Loch ist schon beeindruckend. Er erzählt, dass die Grauwacke hier bereits seit 1633 zu industriellen Zwecken abgebaut wird. Damals war die Arbeit sehr mühsam und ungesund. Und das blieb sie noch lange. Weil die Männer bei der schweren Schufterei Unmengen von Staub einatmeten – damals gab es noch keine Filter- und Absauganlagen – starben viele früh, oft schon mit 40 Jahren, an der „Staublunge“.

Man nannte Lindlar Mitte des 19. Jahrhunderts sogar „das Dorf mit den meisten Witwen und Weisen“. Aber die Leute konnten sich die Jobs nicht aussuchen; sie hatten schließlich keine Autos, mit denen sie in eine weiter entfernte Fabrik hätten fahren können. Außerdem mochten viele Männer trotz aller Unfallgefahren und Gesundheitsrisiken lieber im Stein malochen als in einer Fabrik eingesperrt zu sein. Um die Familien abzusichern, war schon 1706 eine Steinhauergilde gegründet worden. In sie zahlte jeder Beschäftigte im Monat ein paar Pfennige ein, und wenn ein Arbeiter schwer krank wurde oder starb, bekam seine Familie einen Notgroschen. Die Gilde wollte aber auch für eine gute Ausbildung sorgen. Bis heute sind die Steinhauer in der Gilde organisiert. Ihr Schutzpatron ist der „Heilige Reinholdus“. Sein Fest wird am 7. Januar gefeiert.

Eine große Zahl Arbeiter, berichtet der Führer, sei auch von auswärts, etwa aus Belgien gekommen, weil der Bedarf an tüchtigen Kräften vor allem Mitte des 19. Jahrhunderts groß war. Um das Jahr 1857 hätten in diesem Steinbruch 45 selbständige Steinmetzmeister mit 1000 Beschäftigten geschuftet. Der Bau der Eisenbahn erleichterte den Transport des Steins in die Städte. Viele Meister wurden richtig reich, und auch die einfachen Arbeiter verdienten während des Sommers gutes Geld. Aber im Winter waren sie arbeitslos; denn bei Frost kann kein Stein abgebaut werden. Und dann ließen die Hausfrauen in den Lebensmittelläden anschreiben und baten „im Frühjar bezahle ich“ – bis die Besitzer sich irgendwann weigerten.

„Das war eine erbärmliche Zeit“, sagt der Führer, der sie aus Erzählungen seiner Vorfahren kennt.

Ein großer Steinbruch zog früher viele Berufsgruppen an: Die schwierigste Arbeit hatten die Bohrtrupps. Sie brauchten oft einen ganzen Tag, um ein Loch für das Schießpulver zum Sprengen zu bohren. Ganz früher hatten sich die „Steinkühler“ von der Natur unterstützen lassen: Sie füllten Wasser in Ritzen, klemmten Keile hinein, das Wasser gefror im Winter und sprengte den Stein. Heute helfen moderne Sprengstoffe. Sie werden aber nur noch sehr selten eingesetzt. Denn beim Sprengen können Risse entstehen, und die Blöcke sollen heil geborgen werden.

▲ Kinder suchen Versteinerungen.

Neben den Bohrtrupps wurden im Steinbruch unter anderem auch Schlosser gebraucht. Sie sorgten dafür, dass die Werkzeuge scharf waren. Bis heute gibt es den Beruf des Stößers, der den rohen Stein auf ein besser zu bearbeitendes Maß bringt. Er sieht sofort, wie der Stein gebaut ist. Die einzelnen Schichten sind für den Kenner gut zu erkennen. Der Stößer entscheidet dann wie der Stein gespalten werden muss, damit er nicht splittert und wertlos wird. Andere Berufe wie „Kipper“ erklärt der Führer den Besuchern.

In ihrer Blütezeit wurde die Grauwacke insbesondere für den Bau von Häusern, Kirchen und Straßen genutzt. Lindlarer Pflastersteine kennen wir von vielen schönen Fußgängerzonen und Plätzen, etwa dem Kölner Altermarkt. Aber Straßen bestehen heute weitgehend aus anderen Materialien, und für teures und obendrein Frost empfindliches Kopfsteinpflaster haben die Städte nur noch selten Geld.

Nach dem Krieg entstanden aus der Lindlarer Grauwacke ungezählte Grabsteine, für gefallene Soldaten. Allein 40 000 wurden im Auftrag des Volksbundes Deutscher Kriegsgräberfürsorge für Gedenkstätten im In- und Ausland hergestellt. An dieses traurige Kapitel erinnert sich der Führer noch lebhaft. Er selbst hat Namen der Toten, ihr Geburts- und Todesjahr in den Stein gemeißelt und nachgerechnet, wie jung die Männer sterben mussten.

Inzwischen wird die Grauwacke vor allem für Stufen in Grünanlagen, für Terrassen, Mauern und Grabsteine verwandt. Waren bis vor ein paar Jahren noch 1000 Männer aus Lindlar und Gummersbach in der Steinindustrie tätig, sind es heute nur noch etwa 30. Ihnen helfen Maschinen wie die starken Gabelstapler, die den Stein aus der Wand rütteln.

Steinhauerpfad

EXTRA

Während der Steinbruch selbst nur mit Führer betreten werden darf, können Gäste den Steinhauerpfad auch allein gehen. Er beginnt am Marktplatz, führt nach dem Kaufhaus nach links. Wir folgen dem Hinweis „JH". Nach etwa 30 m biegt der Weg rechts ab (links ist die Schmiede Lamsfuß). Wir folgen der Borromäusstraße (links), vorbei am Rathaus führt der Weg bis auf die Höhe. Die zweite Straße rechts führt zu den Steinbrüchen. Das Hinweisschild „Steinhauerpfad" leitet zu den Steinbruchbetrieben. Er beginnt schließlich links am großen Grauwackestein. Der „Steinhauerpfad" wurde 1977 angelegt, um einen Eindruck von dem Weg zu geben, den die Steinhauer früher zurückgelegt haben, um zu ihrer Arbeit zu kommen. Vereinzelt sind noch Reste der Arbeitshütten zu sehen, und man kann sich vorstellen, wie eng es in ihnen war.

Auf den Spuren der Steinhauer.

Was es sonst noch gibt
in Lindlar

Art-Genossen

Die Kulturwerkstatt (Film, Theater, Kabarett)

Bergische Wochen in den Herbstferien

Angenehm einfallsreich sind die Bergischen Wochen mit vielen Angeboten für die ganze Familie in den Herbstferien (Bergische Gerichte, Segelfliegen, Streichelzoo, geführte Wanderungen, Planwagenfahrt, Malseminar). Informationen bei Lindlar-Touristik.

Campingplatz

Forellenzucht

Freizeitpark

Der Freizeitpark mit dem angrenzenden Wald ist etwa 56 ha groß. Die Wege sind behindertengerecht. Der Park bietet unter anderem: einen Abenteuerspielplatz, Ballonstarts, Minigolfplatz

Grillplätze

Hobbybauernhof

Der Bauernhof Bölling hält Schafe, Ziegen, Hängebauchschweine, Gänse, Pferde, Kälber, Esel, Hühner und Kaninchen. Nett für kleine Kinder.

Jugendherberge

Kuriositätenmuseum „Haus Safari“

Wo die Beatles tanzen, ein Außerirdischer Wasserfontänen spuckt und ein Gespenst im Schrank spukt.

Markttag

ist an jedem Freitag von 8-12 Uhr.

Planwagenfahrten

Von Pferden und nicht vom Traktor gezogen werden die Planwagen der Familie Hungenberg. Die Touren durch den Naturpark Bergisches Land dauern in der Regel drei Stunden und sind mit Verpflegung.

Schloss Heiligenhoven

Das ehemalige Rittergut stammt aus dem 15. Jahrhundert. Es ist umgeben von einem Park mit 1000-jährigen Eiben. Heute ist in der Anlage ein Familienhotel untergebracht.

Schwimmbad

Segelfliegen

Reichshof

Popcorn macht Freunde

Der Affen- und Vogelpark in Eckenhagen

Zoobesucher sehen Tiere oft nur hinter Gittern, Zäunen, Glasscheiben oder auf der anderen Seite von Wassergräben. Nicht so im Tierpark Eckenhagen. Da dürfen Menschen in Gehegen herumspazieren und sich mit Affen und Vögeln anfreuden. Berberaffen fressen ihnen sogar aus der Hand. Das ist schon ein besonderes Erlebnis. Dass man die Tiere nicht ärgert, versteht sich von selbst.

Futter gibt es übrigens reichlich in diesem Park. Am Eingang können Besucher Popcorn für Gänse, Enten, Hühner, Ziegen, Affen – und für Kinder kaufen. Außerdem dürfen die Gäste hier (ohne zusätzliche Gebühr) grillen oder aber sich in Restaurant und Gartencafé verwöhnen lassen. Wer nicht lange rasten will, schlemmt am Büdchen frische Waffeln mit Kirchen und Sahne.

Popcorn, jene Leckerei, die sonst vor allem Kinobesuche versüßt, bekommt übrigens Menschen wie Tieren: „Es ist leicht verdaulich und reich an Ballaststoffen." Darauf weist der Chef des Parks, Dr. Werner Schmidt, hin. Er findet es schön, dass die Besucher beim Füttern Kontakt mit den Tieren aufnehmen: den Vögeln – 150 verschiedene Arten – und den Affen. Neben Berberaffen werden hier Totenkopfäffchen gehalten. Die darf man zwar anfassen, wenn sie es wollen, aber auf keinen Fall füttern. Denn sie sind sehr empfindlich. Die Totenkopfäffchen müssen eine genau abgestimmte und abgewogene Nahrung bekommen, die vor allem aus Obst und Gemüse besteht und auf sieben Mahlzeiten am Tag verteilt wird.

Unter Äffchen im Tierpark ...

Wer diese putzigen Äffchen beobachtet, kann eine Menge über ihre Gewohnheiten und ihr Verhalten lernen. Normalerweise leben Totenkopfäffchen vorwiegend in den Uferwäldern des Amazonas. Dort schließen sie sich zu großen Horden mit bisweilen mehreren hundert Tieren zusammen. Die Männchen haben bei ihnen übrigens nichts zu melden, sie sind in der Gruppe nur zeitweise geduldet. Chefs der Horde sind Weibchen. Mütter und Töchter halten eng zusammen, und nach zwei bis drei Jahren schicken die Totenkopfdamen ihre Männer weg. Das hat einen guten Grund: So wird nämlich verhindert, dass Vatertiere sich mit den Töchtern paaren. Solche „Inzucht" kann viele Nachteile haben. Sie bringt die Ordnung in der Gruppe durcheinander und hat zur Folge, dass auch körperliche Schwäche und Krankheiten häufiger weitervererbt werden, als gut ist. Männchen, die in der Eckenhagener Gruppe „ausgedient" haben, werden an andere Tierparks abgegeben. Dann müssen neue ihre Aufgabe übernehmen. Ein solcher Austausch ist – sogar weltweit – unter Tiergärten längst üblich.

▲ ... und viel Spaß für die Kleinen.

Robuster als die Totenkopfäffchen sind die Berberaffen, deren Heimat Nordafrika ist. In Eckenhagen gehört ihnen ein kleines Tal, das den Besuchern ebenfalls offen steht. Die Berberaffen dürfen nach Herzenslust mit Popcorn umworben werden. Und es ist schon witzig, die Affen dabei zu beobachten, wie sie die Besucher höflich am Ärmel zupfen. Aber Angst, diese Tiere könnten zu aufdringlich oder gar lästig werden, müsse niemand haben, betont Werner Schmidt. Die Berberaffen seien ausgesprochen friedfertig und fänden es höchst amüsant, so viel Besuch zu bekommen. Einer ihrer Fans reist an vielen Wochenenden des Jahres aus 130 km Entfernung an, um zahlreiche Stunden im Affental verbringen zu können.

Schmidt versichert, es bestehe auch nicht die Gefahr, dass die Tiere sich an Popcorn überfressen. „Die nehmen nur zu sich, was ihnen bekommt." In der Tat kann man sehen, dass die Berberaffen ziemlich viel Popcorn anknabbern und wegschmeißen. Über die Reste freuen sich dann die einheimischen Vögel, die sich hier in den zahlreichen Bäumen und Sträuchern ebenfalls wohl fühlen.

Im Eckenhagener Vogelpark dürfen seltene Vögel ungestört leben.

Den Berberaffen gehe es richtig gut in dem Park, sagt Schmidt. Sie hätten jene Umgebung, die sie auch in freier Wildbahn schätzen: Wiesen, auf denen sie Gras fressen können, Bäume zum Klettern, einen See. Und keine Feinde, die ihnen ihr Fressen streitig machen.

In dem 1981 eröffneten Park gab es zunächst nur Vögel. Das hat eine Vorgeschichte, die mit Werner Schmidt verknüpft ist. Schmidt ist nämlich ein Schüler des berühmten Verhaltensforschers Konrad Lorenz. In dessen Sinn sollte auch in dem Eckenhagener Vogelpark wissenschaftlich gearbeitet und das Sozialverhalten von Vögeln beobachtet werden. Denn das folgt bestimmten Gesetzen und Regeln. Den Grundstock des Parks bildeten Grau- und Hausgänse, später kamen Fasane, Zierenten und Watvögel hinzu, bis die Anlage mit mehr als 1000 Vögeln eröffnet werden konnte. Schon im ersten Jahr strömten 65 000 Besucher in das landschaftlich sehr reizvolle Gelände. Neben der Forschung hat der Park ein weiteres Ziel: Vogelarten, die vom Aussterben bedroht sind, sollen hier gezüchtet und später wieder in der Natur ausgesetzt werden, z. B. der Uhu. Konrad Lorenz hat seinem Schüler übrigens ein großes Kompliment gemacht. Ob ein Zoo Tiere naturnah und artgerecht halte, lasse sich an den Zuchterfolgen ablesen. Und die seien in Eckenhagen beachtlich. Ständig wird im Übrigen daran gearbeitet, den Tieren noch bessere Lebensbedingungen zu verschaffen. So können immer mehr Vögel in geräumigen Hallen frei umherfliegen, statt in kleinen Flugkäfigen. Neu ist auch ein großes Kranich- und Storchengehege, das auf jüngeren wissenschaftlichen Erkenntnissen beruht. Denn inzwischen weiß man, dass Störche gerne in Kolonien brüten.

Stellvertretend für die vielen Vogelarten von A wie Austernfischer bis Z wie Zwergschneegans seien hier nur die Grau- und Hausgänse und die Beos genauer beschrieben. Zu einem der beliebtesten Vögel im Park wurde der Mittelbeo Tobi. Beos, die zur Familie der Stare gehören, sind in Südostasien zuhause. Sie können hervorragend Laute nachahmen. So sagt Tobi z. B. „Kein Anschluss unter dieser Nummer“ oder „Komm mal her“.

Diese geselligen Vögel sind auch als Haustiere recht beliebt. Wer nach einem Besuch des Tierparks mit dem Gedanken spielen sollte, sich einen Beo anzuschaffen, muss jedoch einiges bedenken: Dieses Tier ist in Gefangenschaft sehr auf den Menschen bezogen. Hat der nicht genug Zeit, sich mit dem Beo zu beschäftigen, verkümmert der Vogel. Außerdem braucht ein Beo viel Platz, um frei fliegen zu können. Natürlich könnte die laute Stimme des Tieres auch Nachbarn stören – denn zum Lautschatz des Beo gehören auch Töne wie schrille Pfiffe, die ziemlich nervtötend werden können. Außerdem fressen Beos Weichfutter, vor allem Früchte und Insekten. Und das verkleckern sie gerne rund um den Käfig. Schließlich sei nicht vergessen: Der (große!) Käfig muss unbedingt täglich gereinigt werden. Und so ist es in den meisten Fällen ratsamer, auf die Anschaffung eines Beos zu verzichten. Auch in Eckenhagen kann man seinen Spaß an diesen Vögeln haben. Und dort ist gewährleistet, dass sie genug Raum und Pflege haben.

Seit vielen Jahren erforscht Werner Schmidt Grau- und Hausgänse. Graugänse sind dafür bekannt, dass die Paare eine lebenslange Ehe führen (Hausgänse bilden ebenfalls ein Paar, sind einander aber nicht eben treu). Schmidt beschreibt jedoch, wie die Familienidylle von Graugänsen gestört wird, wenn sie aus einer größeren Gruppe herausgenommen werden. Das Beispiel ist so interessant, dass es hier ausführlich zitiert werden soll:

Staunen erweckt das bunte Gefieder.

Familienidylle von Graugänsen

Ich hatte ein Gänsepaar mit sechs Gänsen alleine in ein geräumiges Gehege gesperrt, um dem Paar eine ungestörte Aufzucht zu ermöglichen. Einige Tage später führte ich eine Besuchergruppe an das Gehege, um zu demonstrieren, wie die Gänsemutter ihre Küken hudert, der Vater dabei steht und Wache hält und zwischendurch Eltern und Kinder sich mit vorgestrecktem Hals begrüßen. Stattdessen sahen wir einen Vater, der mit vorgestrecktem Hals auf eins seiner Kinder loslief. Es weinte („pui-pui-pui"), riss aus. Er drehte um und stimmte, ganz so, als ob er einen Rivalen vertrieben hatte, ein lautes Triumphgeschrei an. In den nächsten Tagen hatte er sich drei Prügelknaben ausgewählt, die er immer wieder angriff, während er für den Rest der Familie der treusorgende Familienvater war. Was hatte zu so ungewöhnlichem artschädigenden Verhalten geführt? Der Vater hatte keinen Feind, gegen den er seine Familie verteidigen konnte. Dadurch stieg seine Aggressionsbereitschaft so weit an, bis sich das aggressive Verhalten gegen einige seiner Kinder entlud, die er dann wirklich als Feinde ansah und entsprechend behandelte.

Die Lösung: Die ganze Familie kam zur Gänseschar auf die große Wiese, und da musste sich der Vater erst einmal mit den anderen Gantern herumschlagen, die ihn und seine Familie androhten. Die Familie hing wieder eng beieinander. Dass eines der Kinder weiterhin als Prügelknabe behandelt worden wäre, habe ich nie mehr beobachtet.

Kinder und Erwachsene können in dem Affen- und Vogelpark nicht nur interessante Studien zum Familienleben der Tiere treiben. Für sie gibt es hier auch eine Menge Spielgeräte: ein großes Wildwasserrondell, eine Kometenschaukel, Karussels und Auto-Scooter.

Kleintier- und Bauernmarkt

Extra

An jedem ersten Sonntag im Monat wird am Vogelpark ein großer Kleintier- und Bauernmarkt veranstaltet (9-14 Uhr). An Tieren werden angeboten: Kleinvögel, Gänse, Enten, Hühner, Puten und Perlhühner, Ziegen und Schafe, Tauben, Fasane und Pfauen, aber auch Ponys. Der Bauernmarkt lockt mit: Fleisch und Wurst vom Bauernhof, Käse, Quark und Joghurt aus der Bauernkäserei, Gemüse frisch vom Feld, Äpfel, Birnen, Beeren, Kirschen und Zwetschgen, legefrische Eier, hausgemachten Nudeln, Bauernbrot, Konfitüren und Säften, Spezialitäten von Lamm und Ziege, Honig vom Imker, Forellen, Handarbeiten von Landfrauen.

▲ Streicheln kostet nichts.

Was es sonst noch gibt in Reichshof

Badeparadies Montemare

Das Freizeitbad hat Solargrotten, Whirlpools, Wasserfall, Sprudelbecken, Restaurants und eine gelungene Saunalandschaft mit Dampfbad, Blockhaussauna, Außenbecken, Schneekabine und Kräuterwannen.

Gokart-Ring

Grillhütten

Grillhütten können in mehreren Orten gemietet werden. Ein Faltblatt ist über die Kurverwaltung erhältlich.

Jugendherberge

Die Jugendherberge Blockhaus liegt in 500 m Höhe im Skigebiet. In zwei Häusern gibt es Betten für Einzelgäste, Familien, Gruppen, Schulklassen usw.

Planwagenfahrten

Sie können zwei Stunden dauern oder einen ganzen Tag: Der Pferdehof Hacke bietet Planwagenfahrten mit oder ohne Verpflegung. Auf dem Hof kann man zelten.

Ski

Skilifte, -hütte und Loipen finden sich in Eckenhagen-Blockhaus.

Waldbröl

Ein Schwein gefällig? – Der Vieh- und Krammarkt

Niedliche und nützliche Tiere gibt's beim Viehmarkt.

Hähne krähen, Hühner gackern, Gänse schnattern, Sittiche schimpfen. Kleine Mädchen mit dem Tornister auf dem Rücken streicheln kleine Ziegen. Alle Tiere, die hier angeboten werden, sind natürlich käuflich. Und angeblich besonders billig. Das behaupten zumindest die Händler. Einer von ihnen berät gerade zwei Mütter, die überlegen, ob sie für ihre Kinder Zwergkaninchen kaufen sollen. Er erklärt den Frauen, warum die jüngeren Karnickel teurer sind als die etwas älteren: „Die sehen halt niedlicher aus, und das Auge kauft mit."

Es gibt eine Menge zu sehen auf dem Vieh- und Krammarkt, der an zwei Donnerstagen im Monat in Waldbröl stattfindet. So viel, dass man lange braucht, bis man auch nur halbwegs einen Eindruck von der Fülle bekommen hat. Der Markt nimmt für sich in Anspruch, die Attraktion des Oberbergischen zu sein. Erstmals präsentierten die Händler hier vor 150 Jahren Viehzeug, dann kam immer mehr „Kram" dazu. Heute preisen hier jeweils etwa 250 Anbieter alle möglichen Waren an. Sie kommen aus dem gesamten Bundesgebiet und auch aus dem Ausland. Käse aus dem Bergischen bringen sie unters Volk, Textilien aus Wuppertal, Messer aus Solingen, Werkzeug aus Remscheid, Südfrüchte aus dem Hamburger Hafen, Fisch und lose Blumenzwiebeln aus Holland, koffeinfreien Tee aus Afrika. Und an guten Tagen drängeln sich vor den Ständen 15 000 Besucher. Die ganz Schlauen warten bis gegen Mittag, wenn die ersten Händler anfangen, ihre Sachen wieder einzupacken. Dann wird Verderbliches noch ein bisschen preiswerter. Wir haben hier schon um 12.30 Uhr Roggenbrot zum halben Preis bekommen (und uns noch einen Stuten, ein paar Teilchen und ein großes Schwarzbrot aufschwatzen lassen).

Für Kinder besonders reizvoll ist natürlich der Tiermarkt. Der habe sich gegenüber früheren Zeiten gewaltig verändert, sagt Reinold Wittinghofen vom Niederrhein. „Diese ganzen Viecher", sagt er und zeigt auf winzige Meerschweinchen und bunte Sittiche, „hat es damals nicht gegeben." Er hält solche Hausgenossen offenbar für Schnickschnack. Reinhold Wittinghofen handelt mit nützlichen Vierbeinern, nämlich mit Ferkeln. Bis eins reif für die Tiefkühltruhe ist, dauert es fünf Monate. Das Geschäft gehe schlecht, sagt der Mann, „weil die Leute reich sind". Ein Schwein zu mästen, sei früher lebensnotwendig gewesen. Und da habe es vor Ferkeln hier geradezu gewimmelt: 1 500 bis 2 000 Quiektiere habe man angeboten. Heute, an einem Donnerstag im Oktober, hat Wittinghofen nur einen Bruchteil davon mitgebracht, höchstens 20. Außerdem, schimpft der Mann weiter, regten sich, anders als früher, die Nachbarn auf, wenn sich auf dem Grundstück nebenan ein Schwein suhle und Fliegen anziehe. Dabei findet Wittinghofen den ganzen „unsichtbaren Dreck" in der Luft viel schlimmer. Trotz der widrigen Umstände bleibt der Mann seinem Beruf treu. Er hat keine Lust, am Ofen zu hocken.

Ringsum finden die Gäste alle möglichen nützlichen und schönen Dinge: putzige Strohtiere und geschmackvolle Blumengestecke, Bürsten und Körbe, hübsche Töpferwaren und preiswerte Äpfel „vom eigenen Hof", meterweise bunte Stoffe und Ständer voller Kinderkleidung, lose Oliven, die nach Knoblauch duften, und sogar Gummibärchentee. Ledergürtel und Waldhonig, Spitzkohl und Küchenhobel, Dinkelbrot und riesengroße warme Unterhosen für dicke Männer. Diese Vielfalt, heißt es, sei einmalig im westdeutschen Raum. Viele von den Händlern treffen wir im Übrigen auf dem Platz beim Vogelpark in Eckenhagen wieder. Angeblich kann man mit den Händlern auch feilschen. Wir haben gehört, dass ein paar Besucher versucht haben, den Preis für schöne Stoffe und Kissenbezüge herunterzuhandeln. Das ist ihnen aber misslungen. „Sie müssen sich schon entscheiden, ob Sie Qualität oder Massenware wollen", hat der Verkäufer gesagt. Aber probieren kann man es ja mal.

Was es sonst noch gibt

in Waldbröl

Angeln

Campingplatz

Freizeitpark

Der Königsbornpark an der Kaiserstraße bietet Abenteuerspielplatz und Bolzplatz, Möglichkeiten zum Basketball und Volleyball.

Gartenhallenbad

Naturschutzgebiet

Ein Quellmoorgebiet mit seltenen Moorlilien liegt in der Nutscheid bei Waldbröl-Neuenhähnen.

Reiten

Alle Infos über die Verkehrsämter ab S. 152

Engelskirchen

Zuflucht für Menschen und Fledermäuse
Die Aggertalhöhle in Ründerroth

Informationen und Terminvereinbarungen:
Verkehrsamt der Gemeinde Engelskirchen / Engelsplatz 4 / 51766 Engelskirchen
Tel. 02263-831 37 / Fax 02263-1610
Öffnungszeiten: 15. März- 1. November Do-So, Fei 10-17 Uhr
Sonderführungen mit Musik So 14 Uhr, 15.15 Uhr und 16.30 Uhr
Eintritt: Erwachsene 2,50 Euro, Kinder 1,50 Euro
Schülergruppen pro Person 1,20 Euro, Gruppen ab 10 Personen pro Person 2,- Euro
Literaturtipp: *Höhlen* aus der Was ist Was-Reihe, Tessloff-Verlag
Unter Spannung – das Rheinische Industriemuseum

Unter Spannung
Das Rheinische Industriemuseum

Baumwollspinnerei Ermen & Engels www.lvr.de
Engelsplatz 2 / 51766 Engelskirchen / Tel. 02263-201 14-5 / Fax 02263-473 95
Öffnungszeiten: Di-Fr 10-17 Uhr, Sa, So 11-18 Uhr, Mo geschlossen
Fest- und Tagungshaus, Infos über Wilhelm Dietz: Tel. 0208-857 9281,
rim-servise@lvr.de

Restaurant Santa Lucia
Hauptstraße 18 / 51766 Engelskirchen / Tel. 02263-55 12

Restaurant Hardter Hof
Olpener Straße 64 / 51766 Engelskirchen / Tel. 02263-2562

Gaststätte Flurschütz
Alberstthal 17 / 51766 Engelskirchen / Tel. 02263-41 00

Wiehl

Was es sonst noch gibt in Wiehl

Eissporthalle
51674 Wiehl / Tel. 02262-977 22
Mitte September-Anfang April
Laufzeiten: Di, Mi, Fr 16.15-17.45, 20.15-22 Uhr, Kinderdisco Do 16.15-17.45 Uhr
Sa 14-16.15 Uhr, 20-22 Uhr, So 9.30-11.30, 14.45-16.30, 20.15-22 Uhr, in den Schulferien erweitertes Angebot
Eintritt: Jugendliche bis einschließlich 17 Jahren 1,50 Euro, Zehnerkarte 10,- Euro
Erwachsene 3,50 Euro, Zehnerkarte 32,- Euro
Schlittschuhverleih Jugendliche und Erwachsene 3,- Euro
Eislaufschule Jugendliche 30,- Euro, Erwachsene 43,- Euro

Grillplatz
Ein überdachter Grillplatz befindet sich im Wiehlpark
(Auskunft Tourist-Information: Tel. 02262-991 95).

Jugendherberge
An der Krähenhardt 6 / 51674 Wiehl / Tel. 02262-934 10

Kultur für Kids
Bahnhofsstraße 1 / 51674 Wiehl / Tel. 02262-992 85
Kindertheater, Musik und Autorenlesungen organisiert der Kulturkreis Wiehl, Rathaus

Museum „Achse, Rad und Wagen"
Ohlerhammer / 51674 Wiehl
Öffnungszeiten: Sa 14.30-17.30 Uhr, täglich kostenlose Gruppenführungen n. V.

Postkutschenfahrt
Fahrscheinverkauf für die ganze Strecke:
Touristik-Information Wiehl / Bahnhofsstraße 1 / 51674 Wiehl
Tel. 02262-991 95 / Fax 02262-992 47 oder
Kur- und Gästeinformation Nümbrecht / Lindchenweg 1 / 51588 Nümbrecht
Tel. 02293-518. Teilstreckenkarten gibt es nur beim Postillon.

Solarfreibad in Wiehl-Ortskern
Tel. 02262-9 92 95
Öffnungszeiten: Mai-September Mo-Fr 7.30-20 Uhr, Sa, So und Fei 8-20 Uhr
Eintritt: Erwachsene 3,- Euro, Jugendliche 1,50 Euro

Beheiztes Freibad Wiehl-Bielstein
Tel. 02262-30 96
Öffnungszeiten: Mai-September
Mo 11-20 Uhr, Di-Fr 7.30-20 Uhr, Sa, So, Fei 8-20 Uhr
Eintritt: Erwachsene 3,- Euro, Jugendliche 1,50 Euro

Hallenbad Wiehl-Bielstein
Tel. 02262-10 98 / Becken 8 x 25 Meter / 3- und 1-Meter-Turm
unterschiedliche Öffnungszeiten

Wiehlpark
Auskünfte beim Verkehrsamt Wiehl / Tel. 02262-991 95 / Fax 02262-992 47

Nümbrecht

▸ **Die Untertanen mussten zahlen**
Schloss Homburg

Schloss Homburg / 61348 Bad Homburg vor der Höhe

● Was es sonst noch gibt in Nümbrecht

Das Ökodorf
Tel. 02295-62 68
Ein Besuch lohnt sich vor allem von Mai bis Oktober
Gruppenführung für ca. 15-30 Personen 35,- Euro

Haus der Geschichten
Graf-Albert-Str. 40 / 51709 Marienheide-Müllenbach / Tel. 02264-15 67
Öffnungszeiten: So 15-19 Uhr und n. V.

Minigolf
Öffnungszeiten (wetterabhängig) 1. April-31. Oktober Mo-Fr 10-22 Uhr, Sa, So 10-21 Uhr

Alle Infos über die Verkehrsämter ab S. 152

Lindlar

Ackergäule ziehen den Pflug
Das Bergische Freilichtmuseum

Bergisches Freilichtmuseum für Ökologie und bäuerlich-handwerkliche Kultur des Landschaftsverbandes Rheinland www.bergisches-freilichtmuseum.lvr.de
Schloss Heiligenhoven / 51789 Lindlar / Tel. 02266-901 00 / Fax 02266-901 02 00
bergisches-freilichtmuseum@lvr.de
Ökologische Seminare Tel. 02266-90 10-0
Museumsladen/Führungen Tel. 02266-47 19 20
Museumspädagogische Angebote 02266-47 19 20
Öffnungszeiten: Ostern-Ende Oktober Di-Fr 10-18 Uhr, Sa, So 10-19 Uhr
November-Ostern Di-So 10-16 Uhr
Eintritt: Ostern-Ende Oktober Erwachsene 4,- Euro, Kinder ab 6 Jahren 2,50 Euro
Familienkarte 8,- Euro, November-Ostern Erwachsene 3,- Euro, Kinder 1,50 Euro
Familienkarte 7,- Euro

Ganz schön dicke Brocken
Besuch bei den Steinhauern

Steinbruch www.lindlar.de
Führungen durch den Steinbruch: Lindlar-Touristik / Hauptstraße 12 / 51789 Lindlar
Tel. 02266/964 07 und 964 12, Fax 02266/88 67

Was es sonst noch gibt in Lindlar

art-genossen www.art-genossen-gmbh.de
Pollerhofstr. 35-37 / 51789 Lindlar / Tel. 02266-90 12 80
Fax 02266-442 05
Besichtigung und Führungen n. V.

Campingplatz
Brochhagen / 51789 Lindlar / Tel. 02266-89 78 / Fax 02266-441 20
Der Campingplatz „Wiesengrund" ist ganzjährig geöffnet. Er hat 270 Stellplätze, 30 davon für Gäste, 20 für Reisemobile. Er liegt ruhig in einem Seitental. Der Stellplatz kostet pro Nacht 6,- Euro, pro Erwachsenen 3,- Euro, pro Kind (2-13 Jahre) 2,50 Euro. Ein Zelt kostet pro Nacht 3,- oder 6,- Euro

Forellenzucht
Bergische Fischzuchtanstalt Hans Hugo Rameil / Merlenbach 11 / Tel. 02266-53 92 /
Fax 02266-442 05
Besichtigung und Führungen n. V.

Freizeitpark
Öffnungszeiten: April-Oktober Sa, So ab 10 Uhr, Mo-Fr ab 13 Uhr, Gruppenreservierungen unter Tel. 02266-27 55

Hobbybauernhof
Talstraße 71 / 51789 Lindlar-Altenrath / Tel., Fax 02266-27 01

Jugendherberge Lindlar
Jugendherberge 30 / 51789 Lindlar / Tel. 0226-52 64 / Fax 02266-455 17

Planwagenfahrten
Josef Hungenberg / Voßbruch / 51789 Lindlar / Tel. 02266-72 10

Schwimmbad
Das Hallenbad im Freizeitpark öffnet im Sommer auch seine Liegewiesen. Es hat eine 60-Meter-Rutsche. Tel. 02266-961 80.

Segelfliegen
Luftsportverein „Bergische Rhön", Voranmeldung unter Tel. 02266-85 02

Reichshof

● Was es sonst noch gibt in Reichshof

Badeparadies Montemare
Hahnbucher Str. 21 / 51580 Reichshof-Eckenhagen / Info-Tel. 02265-5 01

Gokart-Ring
Tel. 02291-24 96
Öffnungszeiten: Sa, So, Fei 10-19 Uhr

Grillhütten
Sotterbach: Michael Rau: Tel. 02296-85 53
Ohlhagen: Pferdehof Hacke: Tel. 02261-776 13
Windfus: Arnulf Riske: Tel. 02265-84 49
Eckenhagen: Dr. Schmidt, Vogelpark: Tel. 02265-87 86
Wildbergerhütte: Otto Krüth: Tel. 02297-13 33

Jugendherberge
51580 Reichshof Eckenhagen / Tel. 02265-86 28 / Fax 02265-90 42

Planwagenfahrten
Pferdehof Hacke / Ohlhagen b. Hunsheim / 51580 Reichshof / Tel. 02261-776 13
Fax 02261-793 34
Hof Vier Linden / Zimmerseifer Weg 3 / 51580 Reichshof-Zimmerseifen
Tel., Fax 02261-596 41, auch Erlebniswochen für Kinder

Waldbröl

▸ Ein Schwein gefällig?
Der Vieh- und Krammarkt

Auskunft unter Tel. 02291-851 96

● Was es sonst noch gibt in Waldbröl

Campingplatz
Waldbröl-Niederhof / Auskünfte bei Platzwart Müller unter Tel. 02291-80 08 43

Gartenhallenbad
im Sportzentrum: Liegewiese, Plantschbecken , 3-Meter-Sprungturm / Tel. 02291-851 26

Reiten
Reithalle Happach / Tel. 02291-2522
Pferdeverleih, Ausritte, Ponyreiten für Kinder, Kutschfahrten etc.

Abeler, Jürgen: „Das Wuppertaler Uhrenmuseum", Walter de Gruyter

„Abels Schloß und Ritter Burg. Rundgang durch Schloß Burg und seine spannende Geschichte", Thales Verlag

Arlt, Jochen und Dietsch, Doro (Hrsg.): „Wo wir uns finden – Bergisches Lesebuch", rem-Verlag

Bergisches Freilichtmuseum, Katalog

Bermes, Regina/Schnöring, Kurt, „Die Wupper", Wienand Verlag

Bettelheim, Bruno, „Kinder brauchen Märchen", dtv Verlag

Böseke, Heidi und Harry: „Das Bergische Land", J.P. Bachem Verlag

Caboga-Stuber, Herbert de, „Kleine Burgenkunde", Rheinland Verlag

Cüppers, Carl, „Tornister, Tafel, Tintenfaß", Gronenberg Verlag

Deutsches Klingenmuseum, „Geschichte und Geschichten für Kinder"

Deutsches Röntgen-Museum, Katalog

Fischer, G. A., „Schloß Burg und andere Burgen des Rheinlands", Hrsg. Schloßbau-Verein Burg an der Wupper

Frank, Jürgen/Nied, Peter, „Auf Messers Schneide", Klartext Verlag

Goebel, Klaus (Hrsg.): „Historische Schauplätze in Wuppertal, Solingen und Remscheid", Born-Verlag

Habert, Rosemarie, „Altenberg – Domführer für Kinder", Hans Altenberg Verlag

Hammermann, Günter, „Wanderungen im Bergischen Land", Proste Verlag

Hansmann, Winfried, „Die evangelische Kirche in Nümbrecht – Marienberghausen"

Haedecke, H. U., „Menschen und Klingen“, Martor Verlag
Hermann, Helmut, „Ein Streifzug durch fünf Jahrhunderte Messer und Klingen“, Martor Verlag
Heuse, J./Kötter, H./Türk, U., „Circusspiele, Ideen für die Circuspraxis“, Maternus Verlag
Landeskonservator Rheinland, „Die Eisenbahnbrücke über die Wupper zu Müngsten“, Rheinland Verlag
Materialien des Museums für Frühindustrialisierung Wuppertal
Miquel, Pierre, „So lebten sie zur Zeit der Ritter und Burgen“, Tessloff Verlag
Reinmöller, Dr. Lore, „Geschichte des Schloßbauvereins Burg a. d. Wupper 1887-1962“, Schmidt Verlag
Rheinisch Bergischer Kalender, Heimatjahrbuch für das Bergische Land, Heider Verlag
Schmidt-de Bruyn, Ruth, „Kultur und Geschichte im Bergischen Land“, J.P. Bachem Verlag
Schmoeckel, Gisela/Klaes, Holger, „Ausflugsziele im Bergischen Land“, Pomp Verlag
Schnöring, Kurt/Klaes, Holger, „Ausflugsziele im Bergischen Land“, Pomp Verlag
Soechting, Dirk, „Mein Schloß Burg Buch“, Gronenberg Verlag
Verschuren, Ineke (Hrsg.), „Der Drache mit den sieben Köpfen“, Urachhaus
Vomm, Wolfgang, „Bergisches Museum für Bergbau, Handwerk und Gewerbe“ Weitershagen, Paul, „Die Bergische Truhe“, Greven Verlag
Zygowski, Dieter W., „Die Aggertalhöhle in Ründeroth“, Verkehrsamt Engelskirchen

Bergisch Gladbach
Stadtverwaltung
Presseabteilung
Konrad-Adenauer-Platz
51456 Bergisch Gladbach
Tel. 02202-14 22 40/41
Fax 02202-14 22 41

Burscheid
Stadtverwaltung / Abt. 10
Bismarckstr. 8
51399 Burscheid
Tel. 02174-89 22 31
Fax 02174-89 23 00

Düsseldorf
Werbe- und Wirtschaftsförderungsamt
Mühlenstraße 29
40200 Düsseldorf
Tel. 0211-899 38 20
Fax 0211-892 90 61

Verkehrsverein
Immermannstr. 65
Tel. 0211-17 20 20
Fax 0211-16 10 17

Engelskirchen
Verkehrsamt
Rathaus/Engelsplatz 4
51766 Engelskirchen
Tel. 02263-831 37
Fax 02263-16 10

Gummersbach
Fremdenverkehrsamt
Rathausplatz 1
51643 Gummersbach
Tel. 02261-875 58
Fax 02261-876 00

Hückeswagen
Stadtverwaltung
Fremdenverkehrsamt Rathaus
42499 Hückeswagen
Tel. 02192-881 12
Fax 02192-881 09

Köln
KölnTourismus
Unter Fettenhennen 19
50667 Köln
Tel. 0221-221 33 45
Fax 0221-221 33 20

Kürten
Verkehrsamt
Marktfeld 1
51515 Kürten
Tel. 02268-93 91 71
Fax 02268-93 91 19

Langenfeld
Amt für Presse und Öffentlichkeitsarbeit
Konrad-Adenauer-Platz 1
40764 Langenfeld
Tel. 02173-79 45 50/1
Fax 02173-79 42 22

Leichlingen
Stadtverwaltung/Rathaus
Am Büscherhof 1
42799 Leichlingen
Tel. 02175-99 21 13
Fax 02175-99 21 75

Lindlar
Verkehrsamt
Borromäusstraße 1
51789 Lindlar
Tel. 02266-964 07
Fax 02266-88 67

Marienheide
Gemeindeverwaltung
Hauptstraße 20
51709 Marienheide
Tel. 02264-22 40 oder 22 0
Fax 02264-22 61

Mettmann
Amt für Öffentlichkeitsarbeit
Neanderstraße 85
40822 Mettmann
Tel. 02104-79 54 54
Fax 02104-79 53 33

Monheim
Amt für Öffentlichkeitsarbeit und
Wirtschaftsförderung
Rathausplatz 2
40789 Monheim am Rhein
Tel. 02173-95 11 32
Fax 02173-95 11 39

Morsbach
Kultur- und Verkehrsamt
Bahnhofstraße 2
51597 Morsbach
Tel. 02294-69 90
Fax 02294-69 91 87

Nümbrecht
Tourist-Information
Lindchenweg 1
51588 Nümbrecht
Tel. 02293-90 94 80
Fax 02293-90 94 89

Odenthal
Kultur- und Sportabteilung
Rathaus
51519 Odenthal
Tel. 02202-71 00
Fax 02202-71 01 90

Overath
Verkehrsamt
Hauptstraße 25
51491 Overath
Tel. 02206-60 21 03
Fax 02206-60 21 93

Ratingen
Verkehrsamt
Minoritenstraße 2-6
40878 Ratingen
Tel. 02102-98 25 35
Fax 02102-98 21 35

Reichshof
Verkehrsamt/Kurverwaltung
Eckenhagen
Babarossastraße 5
51580 Reichshof
Tel. 02265-47 0
Fax 02265-35 6

Remscheid
Wirtschaftsförderung
Remscheid GmbH
Elberfelder Straße 41
42853 Remscheid
Tel. 02191-923 20
Fax 02191-92 32 50

Rösrath
Gemeindeverwaltung
Rathaus
51492 Rösrath
Tel. 02205-80 21 11
Fax 02205-80 21 31

Solingen
Stadtinformation
Rathaus
Cronenberger Straße 59-61
42651 Solingen
Tel. 0212-290 23 33
Fax 0212-290 24 79

Velbert
Verkehrsverein
Friedrichstraße 181a
42551 Velbert
Tel. 02051-45 42
Fax 02051-547 05

Wermelskirchen
Verkehrsamt/Vekehrsverein
Telegrafenstraße 29-33
42929 Wermelskirchen
Tel. 02196-71 00
Fax 02196-71 05 55

Wiehl
Verkehrsamt-
Tourist Information
Bahnhofstr. 1
51647 Wiehl
Tel. 02262-991 95
Fax 02262-992 47

Wipperfürth
Verkehrsamt
Rathaus/Marktplatz 1
51688 Wipperfürth
Tel. 02267-643 36
Fax 02267-643 11

Wuppertal
Presse- und Informationsdienst
Pavillon am Döppersberg
42103 Wuppertal
Tel. 0202-563 22 70
Fax 0202-563 80 52

Namens-, Sach- und Ortsregister